彩图版

国学经典规范读本

孙子兵法

【冯国超◎译注】

商务印书馆

二〇一六年·北京

图书在版编目(CIP)数据

孙子兵法/冯国超译注.—北京:商务印书馆, 2009(2016.6重印)
(国学经典规范读本)
ISBN 978-7-100-06794-2

Ⅰ.孙… Ⅱ.冯… Ⅲ.①国学—中国—春秋时代 ②孙子兵法—译文 ③孙子兵法—注释 Ⅳ.E892.25

中国版本图书馆CIP数据核字(2009)第178792号

国学经典规范读本
孙 子 兵 法
冯国超 译注

商 务 印 书 馆 出 版
(北京王府井大街36号 邮政编码100710)
商 务 印 书 馆 发 行
北京市松源印刷有限公司印刷
ISBN 978-7-100-06794-2

2009年11月第1版 开本 787×1092 1/16
2016年6月北京第4次印刷 印张 $10^{1}/_{4}$
定价:36.00元

前　言

《孙子兵法》又名《孙子》、《吴孙子兵法》，春秋末年齐国人孙武著（一说系由孙武的学生在战国时期整理成书）。全书近6000字，分为十三篇，论述了战争的性质、特点及作战原则、作战方法等有关战争的一系列问题。

《孙子兵法》问世后，历史上好评如潮，被誉为“兵经”、“百代谈兵之祖”。历代军事家多奉之为圭臬，并在具体的军事实践中加以应用；其卓异的军事智慧也在历次战争中被不断证实。《孙子兵法》传到国外后，很快又在世界范围内造成巨大影响。不少国外军事专家认为，《孙子兵法》不仅是世界军事史上第一部系统的军事专著，而且在当代战争中仍具有重要的实用价值。目前，《孙子兵法》已被翻译成数十种文字出版，国外的不少著名军事院校也把《孙子兵法》列为必修课。

尤其值得注意的是，今天，《孙子兵法》的影响早已超越军事领域，而波及政治、外交、商业、管理、体育等各个领域。“知己知彼，百战不殆”、“不战而屈人之兵”、“攻其无备，出其不意”，这些《孙子兵法》中的千古名言，人们不仅耳熟能详，而且早已转化成了工作和生活中的实用智慧。一部两千多年前的经典，在当今世界仍能产生如此广泛、持久的影响，这是中国其他古代典籍很难比拟的。

《孙子兵法》何以具有如此巨大的影响和魅力？答案只能从《孙子兵法》一书中去寻找。目前，市场上各种版本的《孙子兵法》很多，但是，对于广大读者而言，要找到一本既具权威性，又通俗易懂、引人入胜的《孙子兵法》却并不容易。正是为了弥补这一缺陷，我们撰作了这部《国学经典规范读本·孙子兵法》。本书主要有以下几个方面的特点。

一、本书的原文以宋本《十一家注孙子》为底本，同时参阅了有代表性的各家研究成果。现存最早的《孙子兵法》的版本主要有两种，一种是宋本《武经七书》本，一种是宋本《十一家注孙子》本，它们都源出于东汉末年曹操的《孙子略解》（也叫《魏武帝注孙子》），其中的《十一家注孙子》本经清代的孙星衍校定考辨后，在社会上流传最广、影响最大，故我们选择它作为底本。

二、注释简洁、准确、客观，充分反映目前学界的最新研究成果。在注释中，我们主要是把结论告诉读者，尽量避免烦琐的考证；对于迄今仍存在分歧和争议的地方，我们坚持实事求是的原则，或明确表示存疑，或同时列举几种有代表性的观点，以提示读者此处内容并无确解。

三、在白话翻译部分，尽量采用直译的做法，不作引申和发挥，并力求使译文精致、流畅。

四、采用了“导读＋图说”的全新经典解读方式。在“导读”部分，除了对原文作概括的介绍和说明，我们着重列举历史上相关的著名战例来进行剖析，从而告诉读者如何正确理解和运用《孙子兵法》中的思想，以及违背《孙子兵法》中的相关论述将会付出怎样的代价。“图说”则主要是根据“导读”中所举的例子，选择历史上的相关绘画进行配图，以帮助读者更轻松地理解原文。这种做法，既增强了本书的趣味性和可读性，又使本书与其他所有《孙子兵法》的图文书有了根本的区别。因为目前《孙子兵法》的图文书很多，但是这些书中所配的图，大多不是牵强附会，就是纯粹起一种装饰作用，图和文之间很少有什么内在的联系。而本书在配图时，则严格采取一一对应的原则：图是对文字的形象化描绘，文字则仿佛是对图的说明。从而使对国学经典的配图工作达到了一个崭新的水平和高度。

总之，严谨、细致、力求完美，这是我们撰作《国学经典规范读本·孙子兵法》的指导思想；权威、规范、美观大方，则是我们所欲达到的重要目标。衷心希望广大读者能在赏心悦目的阅读中，轻松地把握《孙子兵法》的精髓。

冯国超

2009 年 8 月于北京

目 录

孫子兵法

“计篇”的“计”即计算，这里指估计战争的胜负。该篇指出，战争关系到人的生死和国家的存亡，所以在进行战争前一定要认真地考察分析。这种考察分析主要通过道、天、地、将、法五个方面来进行，谁在这五个方面占有优势，谁就将取得战争的胜利。同时，该篇还提出了一系列克敌制胜的重要方法，如“攻其无备，出其不意”、“能而示之不能，用而示之不用”、“利而诱之，乱而取之”，等等。

计篇第一

1.1 孙子①曰：兵②者，国之大事，死生之地③，存亡之道④，不可不察⑤也。

【注释】

①孙子：即孙武，字长卿，春秋时期著名的军事家，齐国人。曾在吴国任将，率兵破楚。著有《孙子兵法》十三篇。　②兵：这里指战争。　③死生之地：指关系着人的生死。一说指地形上的生地和死地。　④存亡之道：指关系着国家的存亡。　⑤察：考察。

【译文】

孙子说：战争，是国家的大事，它关系到人的生死，国家的存亡，不能不仔细考察分析。

【导读＋图说】

“兵者，国之大事，死生之地，存亡之道，不可不察也”，孙子在一开始就向我们揭示了战争的实质和可能造成的影响。这里的“不可不察”，主要包含两层意思：一是不要轻易发动战争，因为战争关系到人的生死和国家的存亡，所以在处理国与国之间的矛盾冲突时，尽量不要通过战争的手段来解决。这正如老子所言：“兵者，不祥之器，物或恶之，故有道者不处。”（《老子·三十一章》）二是当战争不可避免时，一定要按照战争本身的规律来指导战争，不能掉以轻心，更不能瞎指挥。

▼图 1-1　民间绘画《烽火戏诸侯》

春秋时期，大国争霸，当时称霸的一个根本前提，

就是强大的军事实力。然而，宋国国君宋襄公却反其道而行之，他想依靠仁义称霸，并在战争中也幻想通过仁义取胜，结果落了个身死国削的可悲下场。公元前638年，宋襄公依仗他在诸侯中享有的仁义的名声，约楚、郑、陈、蔡等国在盂地(在今河南睢县西北)会盟。在盟会上，宋襄公试图以霸主自居，结果被楚成王用武力劫持。而且，在盟会上，连郑国这样的小国也支持以楚为霸主。宋襄公回国后，痛恨郑国支持楚国，便不顾人们的反对，于公元前633年兴兵攻郑。郑向楚国求救，楚国出兵伐宋。宋襄公率师回宋，在泓水(涡河的支流，经今商丘、柘城间向东南流)与楚师相遇。当时楚强宋弱，但是，战场的形势却对宋军有利，因为当宋军已经排好队列时，楚军还未渡河完毕。这时，宋国的司马公孙固对宋襄公说，机不可失，乘楚军还未渡河完毕时发起进攻，可将其一举击溃。然而宋襄公却认为乘人之危，这是不仁义的。等到楚军渡河完毕，还未排好队列时，公孙固再次请求发起进攻，宋襄公仍以这样做不合仁义之道为由，加以拒绝。等到楚军排好队列，宋襄公才下令进攻，结果宋师大败，宋襄公腿上受伤，跑回宋国后不久死去。宋国从此一蹶不振，国势日削。宋襄公这种视战争为儿戏的做法，被毛泽东称为蠢猪式的仁义。

在中国历史上，还有不少类似的视军事行动为儿戏的例子。如东周时，周幽王为了博得美人褒姒(sì)一笑，竟点燃了用来报警的烽火；各地诸侯看到烽火后，以为有外敌入侵，纷纷率领军队前来参战，结果却发现是一场闹剧。公元前771年，犬戎举兵入侵，各地诸侯见到报警的烽火后，以为又是儿戏，不再发兵，结果周幽王被犬戎兵杀死。(见图1-1)

1.2 故经[1]之以五事[2]，校(jiào)[3]之以计[4]而索[5]其情：一曰道[6]，二曰天[7]，三曰地[8]，四曰将[9]，五曰法[10]。道者，令民与上同意也，故可以与之死，可以与之生，而不畏危。天者，阴阳[11]、寒暑、时制[12]也。地者，远近、险易[13]、广狭、死生[14]也。将者，智、信、仁、勇、严也。法者，曲制[15]、官道[16]、主用[17]也。凡此五者，将莫不闻[18]，知[19]之者胜，不知者不胜。故校之以计而索其情，曰：主孰[20]有道？将孰有能？天地孰得？法令孰行？兵众孰强？士卒孰练[21]？赏罚孰明？吾以此知胜负矣。

【注释】

①经：分析研究。 ②五事：指下文的道、天、地、将、法五个方面。 ③校：通"较"，指比较。 ④计：计谋；考虑。这里指下文的"主孰有道"等情况。 ⑤索：探索。 ⑥道：这里指政治上清明。 ⑦天：指天时，即自然的气候条件。 ⑧地：指地理条件。 ⑨将：指将领。 ⑩法：指法令。 ⑪阴阳：这里指昼夜、天气阴晴等。 ⑫时制：指春、夏、秋、冬四季更替。 ⑬易：平坦。 ⑭死生：指死地和生地，即有利于进退和不利于进退的地形环境。 ⑮曲制：军队的组织、管理制度（曲：部曲，指军队）。 ⑯官道：指军队中将官的职权划分等制度。 ⑰主用：掌管费用开支、物资供应方面的制度（主：掌管）。 ⑱闻：知道；了解。 ⑲知：这里指切实地领会、掌握，与

【译文】

所以要通过对以下五个方面的分析，比较敌对双方的各种情况，来探索影响战争胜负的情势：一是道，二是天，三是地，四是将，五是法。所谓"道"，是使民众与君主的意愿一致，所以可以让民众与你一起去死，也可以让民众与你一起去活，他们不会害怕任何危险。所谓"天"，是指昼夜、阴晴、寒暑、四季变化等。所谓"地"，是指距离的远和近、地势的险要和平坦、环境的开阔和狭窄、地形的是否有利于进退。所谓"将"，是指将领具有富于智慧谋略、赏罚有信、爱护部下、作战勇敢、纪律严明的品德。所谓"法"，是指军队的组织管理、将官的职权划分、物资供应和费用开支等方面的制度。对于这五个方面，将领们没有不知道的，但只有切实领会、掌握的才能取胜，否则就不能取胜。所以比较敌对双方的各种情况，来探索影响战争胜负的情势，就要分析：哪一方的君主治国有方？哪一方的将领更有才能？哪一方占

上句的“闻”有程度上的不同。⑳孰：谁，这里指哪一方。㉑练：指训练有素。	有天时地利？哪一方的法令能够切实执行？哪一方的兵力更强大？哪一方的士卒更加训练有素？哪一方的赏罚更为严明？我根据这些就可以预知谁胜谁负了。

【导读+图说】

该节指出了决定战争胜负的五个关键因素：道、天、地、将、法。道指政治是否清明，地指地理条件，将指将领的素质能力，法指军队的组织和管理。对于其中的天，本节指出："天者，阴阳、寒暑、时制也"，即所谓天，指的是昼夜、阴晴、寒暑、四季变化等。不把天视作神秘的主宰者，而是看作客观的天象，从而从战争本身来探索影响战争胜败的原因，这是孙子思想的一个重要特征，也是其具有重要价值的地方。因为中国古人大多迷信天意，他们常常在用兵打仗前，采用观星、卜筮、龟卜等手段来窥察天意，预测吉凶，以决定行止。商朝末年，周武王出兵伐纣（见图1-2），途遇狂风暴雨的袭击，军中的战鼓、旌旗多被毁坏，这时，周武王认为此行有逆天意，主张退兵，说："今时逆太岁，龟灼言凶，卜筮不吉，星凶为灾，请还师。"军师姜子牙则认为，影响战争胜负的是人心向背，而不是所谓的天意，更不是什么龟甲蓍草。他命令军队继续进军，终于顺利地推翻了商朝。

▲图1-2 《钦定补绘萧云从〈离骚〉全图》中的"周武王伐纣"图

1.3 将①听吾计②，用之必胜，留之；将不听吾计，用之必败，去之。

【注释】

①将：含假设语气的助词，相当于“如果”。

②计：计谋；计策。

【译文】

如果听从我的计策，用来指挥作战肯定能取胜，我就留下来；如果不听从我的计策，用来指挥作战肯定会失败，我就离开。

【导读＋图说】

“将听吾计，用之必胜，留之；将不听吾计，用之必败，去之”，此当为孙子向吴王阖(hé)庐献上兵法十三篇时所说的话，意为如果你能采纳我的计策，那你肯定能打胜仗，我就留下来；否则，我就离开。据《史记·孙子吴起列传》记载，阖庐看完《孙子兵法》后，对孙子说，你的书我已经看过了，能不能当着我的面试一下操练军队？孙子说：可以。阖庐说：可以用女子来操练吗？孙子说：可以。于是点了宫中的一百八十名女子，交给孙子来操练。孙子把这些女子分

▼图 1-3 民间绘画《孙五(武)子演阵教美人战》

为两队，任命阖庐的两位宠姬为队长。操练开始后，这些女子嘻嘻哈哈的，并不认真。孙子再三申明军法后，这些女子还是不认真操练，孙子便斩了两名队长。这样一来，这些女子谁也不敢再开玩笑，全都认真地操练起来。这时，孙子向阖庐报告，说队伍已操练好了，现在即使让她们赴汤蹈火都可以。阖庐见斩了自己心爱的两位美人，心疼得不行，但也由此见识了孙子的本领，不久就任命他为将领。（见图 1-3）

1.4 计利①以②听，乃为之势③，以佐④其外。势者，因利而制权⑤也。

【注释】

①计利：一说指有利的计策；一说指分析后觉得对我有利。
②以：通“已”，指已经。
③为之势：指制造某种态势。
④佐：辅助。
⑤权：权变；灵活应对。

【译文】

认为计策有利并且被采纳后，就要制造某种态势，作为外部的辅助。所谓势，就是根据有利的情况而采取灵活机动的措施。

1.5 兵①者，诡②道也。故能而示③之不能，用④而示之不用，近而示之远，远而示之近。利而诱之⑤，乱而取⑥之，实⑦而备之，强而避之，怒⑧而挠⑨之，卑而骄之，佚⑩而劳⑪之，亲⑫而离⑬之。攻其无备，出其不意。此兵家之胜⑭，不可先传⑮也。

【注释】

①兵：指用兵打仗。
②诡：诡诈。
③示：显示；表现出。
④用：指采取某种行动。

【译文】

用兵打仗，以诡诈为原则。所以有能力进攻，却表现出没有能力的样子；将要采取军事行动，却显出不准备采取行动的样子；将

⑤利而诱之：对于贪利的敌人就用利益来引诱它。一说指用利益来引诱敌人。 ⑥取：攻取。 ⑦实：充实；有实力。
⑧怒：旺盛。一说指发怒。 ⑨挠：削弱。一说指屈挠；一说指挑逗。
⑩佚：安逸。
⑪劳：使疲劳。
⑫亲：亲密。
⑬离：离间。
⑭胜：佳妙。
⑮传：传授；泄露。一说这里指规定。

从近处攻打，却装出要从远处攻打的样子；将从远处攻打，却装出要从近处攻打的样子。敌人贪利，就用利益来引诱它；敌人内部混乱，就出兵攻取它；敌人有实力，就要防备它；敌人强大，就要避开它；敌人士气旺盛，就要设法削弱它；敌人卑怯，要让它变得骄横；敌人安逸，要让它变得疲劳；敌人亲密团结，要设法离间它。进攻敌人没有防备的地方，在敌人意想不到的时候采取行动。这些都是军事家克敌制胜的精妙所在，不能事先泄露。

▼图 1-4　明代仇英绘制的《明妃出塞图》，描绘了汉朝把王昭君嫁给匈奴单于，实行和亲政策的情形

【导读 + 图说】

该节揭示了用兵打仗的一个极其重要的原则：诡诈。即只要能取得战争的胜利，就可以使用一切欺骗手段，如诱之以利、声东击西、故意示弱等等。其中的“能而示之不能”，即军队有实力，却表现出没有实力的样子，从而诱使对方轻敌，达到出敌不意、战而胜之的效果。公元前 200 年，汉高

祖刘邦率步骑三十二万去与匈奴作战。为了了解匈奴军队的虚实，刘邦派出使节前往侦察。匈奴单(chán)于冒顿(mòdú)得知这一情况后，把精壮的士兵和肥壮的牛羊都藏匿起来，只以羸弱的士兵和瘦弱的牛羊示人。刘邦听取使节的汇报后，认为匈奴的实力不过如此，便亲率骑兵急进，结果在平城(今山西大同以东地区)白登山被四十万匈奴大军团团包围，最后依靠厚赂匈奴的皇后，才侥幸脱身。通过平城白登山之战，刘邦认识到了匈奴军力雄厚，汉军一时难与争锋，从而采取和亲政策，即把汉朝的美女嫁给匈奴单于，以缓和与匈奴的关系。(见图 1-4)

【导读 + 图说】

"攻其无备，出其不意"，即向敌人没有防备的地方发动进攻，在敌人意想不到的时候采取行动。这是极其重要的用兵原则，也是克敌制胜的法宝。唐朝末年，藩镇割据严重。公元 814 年，淮西节度使吴少阳死，其子吴元济竟隐匿不报，自领淮西军务。唐宪宗得知这一消息后，决定讨伐吴元济。然而，在此后的两年多时间里，唐军屡战屡败，形势十分危急。公元 817 年，唐廷以李愬(sù)为唐、随、邓节度使，负责讨伐吴元济。李愬到任后，故意显得无所作为，以麻痹吴元济，私下里则积极备军，并不断派人刺探在蔡州(今河南汝南)的吴元济的军情。这年的十月初十，天降大雪，李愬率领队伍秘密出发，将士们都不知要去哪里。军队到达蔡州城下时，吴元济根本没有防备，很快便被擒获。吴元济手下的数万部队不久也纷纷归降。就这样，为患唐廷长达四年的割据势力，在"攻其无备，出其不意"的用兵原则指导下，轻而易举地被平定了。(见图 1-5)

▲图 1-5　清代马骀(tái)绘制的《历代名将画谱》中的《雪夜入蔡》图

1.6 夫未战而庙算①胜者，得算②多也；未战而庙算不胜者，得算少也。多算胜，少算不胜，而况于无算乎！吾以此观之，胜负见矣。

【注释】

①庙算：指出兵前的谋划。古代在用兵打仗前，都要在宗庙里举行仪式，并商讨作战计划，故称庙算。

②得算：指取得胜利的条件（算：古代计数用的筹码）。

【译文】

战争还未开始就预计能够取胜，是因为能取胜的条件多；战争还未开始就预计不能取胜，是因为能取胜的条件少。能取胜的条件多的就能获胜，能取胜的条件少的就不能获胜，更何况没有任何取胜条件的呢！我根据这些来观察，谁胜谁负就很明显了。

【导读+图说】

“夫未战而庙算胜者，得算多也；未战而庙算不胜者，得算少也。多算胜，少算不胜，而况于无算乎”，指于战争开始前在宗庙里举行仪式，周密地算计取胜的可能性，取胜

▼图 1-6　南宋马和之绘制的《闵予小子之什图》（局部），描绘了周成王即位后，与大臣们在宗庙中谋划国家大事的情形

条件多的就能获胜，取胜条件少的就不能获胜，没有任何取胜条件的当然必败无疑。(见图1-6)这应该是战争的常识，任何一个军事将领，只要不是过于愚蠢，肯定会明白这样的道理。然而，当政治体制十分腐败时，决策者往往会如白痴一样，做出愚蠢之极的行为。1449年，因明朝太监王振弄权，瓦剌首领也先率军侵入明北部边境，一部围攻大同，一部进入河北境内，京师震动。当时，明朝的政治十分腐败，明英宗宠信专横残暴的太监王振，搞得朝政黑暗，军备废弛。按常理，碰上这样的情况，只要派一个能征惯战的将领率军抵御就可以了。然而，王振为了显示自己的权势，同时又怕自己的家乡蔚州(在今河北蔚县)遭瓦剌军劫掠，便撺掇明英宗御驾亲征。明英宗受到王振的蛊惑，便不顾众大臣的反对，率领五十万大军，前往大同征讨瓦剌军。当时，明军虽号称有五十万，但都是乌合之众，战斗力极差，且战前没有充分的准备，武器、粮食都得不到充足的供应。八月初，明军抵达大同，也先为诱军深入，主动北撤。王振听说后，也打算撤军回京。当时回京有南北两条路，北路较近，南路较远，但南路可路过王振的家乡，王振为了炫耀乡里，便决定走南路。但是军队刚出发不久，王振又怕人太多，会踩坏自家的庄稼，又决定改走北路。也先得知这一消息后，便率众追击，并不断击败明军。八月中旬，王振不顾文武官员的合理建议，不占战略要地，而是率军愚蠢地退至土木堡(今河北怀来东南二十里)一带，结果被瓦剌军包围。土木堡地势较高，明军掘地两丈无水，饥渴不堪，最后在移师就水时遭瓦剌军进攻，死伤数十万，明英宗被俘，王振被杀，随行大臣如兵部尚书、户部尚书、内阁学士等五十余人都死于乱军之中。这种视用兵打仗为儿戏的行为，在中外战争史上均属罕见。

本篇主要论述了“兵贵胜（速胜），不贵久”的原则。因为战争必然会造成财力、物力、人力的巨大消耗，战争时间越长，这种消耗也就越大，所以战争必须速战速决。同时，该篇还提出了从敌人手中获得战争资源的两个具体方法，一是要“因粮于敌”即夺取敌人的粮食物资；二是要把俘获的战车、士卒补充到自己的队伍中，从而使自己“胜敌而益强”。

作战篇第二

2.1 孙子曰：凡用兵之法，驰车[1]千驷（sì）[2]，革车[3]千乘（shèng）[4]，带甲[5]十万，千里馈[6]粮，则内外[7]之费，宾客[8]之用，胶漆之材[9]，车甲[10]之奉[11]，日费千金，然后十万之师举[12]矣。

其用战也胜[13]，久则钝兵挫锐[14]，攻城则力屈[15]，久暴（pù）[16]师则国用[17]不足。夫钝兵挫锐、屈力殚货[18]，则诸侯乘其弊[19]而起，虽有智者，不能善其后矣。

故兵闻拙[20]速，未睹巧之久也。夫兵久而国利者，未之有也。故不尽知用兵之害者，则不能尽知用兵之利也。

【注释】

①驰车：一种轻便的战车。 ②驷：四匹马拉的一辆车，这里指“辆”。 ③革车：兵车，这里指装运辎重物资的车。 ④乘：辆。 ⑤带甲：穿着铠甲（甲：铠甲），这里指穿着铠甲的军人。 ⑥馈：运送；运输。 ⑦内外：这里指后方和前方。 ⑧宾客：指外交使节、谋士等。 ⑨胶漆之材：制作、维护各种军事器械的材料（胶和漆是古代用来制作、维护弓箭、铠甲等的材料）。 ⑩车甲：车辆和铠甲。 ⑪奉：供给；供应。 ⑫举：兴起；出动。 ⑬胜：这里指速胜。 ⑭钝兵挫锐：指军队疲困，锐气遭到挫折。 ⑮屈：竭尽。

【译文】

孙子说：大凡用兵打仗的规则是，动用一千辆战车，一千辆辎重车，十万穿着铠甲的军人，向千里之外运送粮食，那么前方后方的费用，招待外交使节和谋士的开支，制作、维护各种军事器械的材料，车辆和铠甲的供应，每天要消耗千金巨资，然后十万人的大军才能正式出动。

用这样庞大的队伍作战，必须要求速胜，因为用兵时间一久，就会使军队疲困，锐气遭到挫折；这样去攻打城池，就会把力量耗尽；长久让军队在外作战，就会使国家的财物匮乏。这样军队疲困，锐气受挫，力量用尽，财物耗竭，别的诸侯国就会乘它疲敝而发起进攻，到了这个时候，即使有智慧超群的人，也无法妥善处理后事了。

⑯暴：暴露；显露。 ⑰国用：国家的费用开支。 ⑱殚货：财物耗竭（殚：尽）。 ⑲弊：疲敝，人力、物力受到消耗而不充足。 ⑳拙：笨拙。

所以用兵听说过用笨拙的办法求速胜，没有见过用巧妙的办法久拖不决的。战争旷日持久而对国家有利，这样的事从来都没有过。所以不能完全了解用兵害处的人，就不能完全了解用兵的益处。

【导读＋图说】

本节指出，战争是一种需要耗费巨大财力物力的特殊行为，要动用十万人的军队，出征千里之外，则粮食、器械、后勤保障等方面的费用，每天都需要千金以上。孙子的这一观点，揭示了后勤保障对于取得战争胜利的关键作用，其理论价值为众多的历史事实所证明。19 世纪 70 年代，我国的新疆被俄、英等国控制，随时都有被分割出去的危险。为了收复新疆，朝廷任命左宗棠为钦差大臣，督办新疆军务。左宗棠上任后，面临的最大难题就是如何为征西大军提供后勤保障。据左宗棠估计，要解决新疆问题，非有六七

▼图 2-1　左宗棠收复新疆时千里运粮的情景

万大军不可，而这六七万大军，一年就需粮食四五千万斤。但当时新疆大部已经沦陷，这四五千万斤粮食基本上要靠从内地转运。按照精密计算，在关内运粮，每运一石粮食，要花两石的粮价；而在关外运粮，则要用十石的粮价，才能运到一石粮食。因此，左宗棠指出，西北军事，筹饷难于筹兵，筹粮难于筹饷，筹转运又难于筹粮。由于左宗棠对形势有客观而充分的估计，因此，他一开始就倾全力于粮食筹备与转运，最终使运粮工作没有拖整个战事的后腿，为清军彻底收复新疆提供了有力的保障。(见图 2-1)

【导读 + 图说】

本节指出，战争需要速战速决，因为战争的时间越长，耗费的财力就越大，而各种意想不到的变故也随时可能发生。其中的“其用战也胜，久则钝兵挫锐，攻城则力屈，久暴师则国用不足。夫钝兵挫锐、屈力殚货，则诸侯乘其弊而起”，说的就是在对敌作战时，若用兵旷日持久，就会使国家的财力耗竭，而别的国家也会乘机向我发起进攻。公元前 506 年，吴王阖(hé)庐(见图 2-2)在多年精心准备的基础上，以伍子胥、孙武为将，侵入楚国，并很快占领了楚国的国都。但是，吴军进入楚地后，倒行逆施，激起楚人的强烈不满，在长达数月的时间里，始终无法在楚地建立新的秩序。此时，越国利用这一难得的机会，奇袭吴国的都城。阖庐计穷力绌，为保根本，只好率军放弃楚地，狼狈回国。

▲图 2-2 《钦定补绘萧云从〈离骚〉全图》中的吴王阖庐像

2.2 善用兵者，役不再籍[①]，粮不三载[②]，取用于国[③]，因[④]粮于敌，故军食可足也。

【注释】

①役不再籍：兵不征第二次（役：兵役。籍：调兵的符籍，引申指征兵）。 ②载：载运。 ③取用于国：指武器装备等由国内供应。 ④因：依靠。

【译文】

善于用兵的人，兵不征第二次，不一次次地从国内载运粮食，除了武器装备由国内供应，粮食依靠从敌人手中夺取，因此可以保证军中粮食供应的充足。

2.3 国之贫于师者远输[①]，远输则百姓贫。近于师者贵卖，贵卖则百姓财竭，财竭则急于丘役[②]。力屈财殚，中原[③]内虚于家。百姓之费，十去其七；公家之费，破车罢（pí）[④]马，甲胄[⑤]矢弩[⑥]，戟楯（dùn）[⑦]蔽橹[⑧]，丘牛[⑨]大车[⑩]，十去其六。

【注释】

①远输：远途运输。 ②丘役：按丘征集赋税徭役（丘：古代以土地方圆一里为一井，十六井为一丘）。 ③中原：这里指国内。 ④罢：同"疲"，指疲乏。 ⑤胄：头盔。 ⑥弩：用机括发射箭的弓。 ⑦楯：同"盾"，指盾牌。 ⑧蔽橹：用于遮蔽的大盾牌（橹：大盾牌）。 ⑨丘牛：按丘征集来的牛。一说指大牛。 ⑩大车：装载辎重的车辆。

【译文】

国家因为出动军队而导致贫困，远途运输是其中重要的原因，因为远途运输会使百姓贫困。靠近军队驻扎之地的东西往往会卖得很贵；东西一贵，百姓的财力就会枯竭；财力枯竭，就会急于按丘征集赋税徭役。这样力量用尽，财物耗竭，国内家家户户都很空虚。百姓的财物，耗掉了十分之七；公家的财物，因为战车破败，马匹疲乏，加上盔甲弓矢、戈戟盾牌、辎重牛车的消耗，也去掉了十分之六。

2.4 故智将务食于敌，食敌一钟①，当吾二十钟；萁（qí）②秆③一石（dàn）④，当吾二十石。

【注释】

①钟：古代容量单位，一钟为六十四斗。

②萁：通“萁”，指豆秸。

③秆：禾类植物的茎。

④石：古代重量单位，一石为一百二十斤。

【译文】

所以明智的将领一定要从敌人那里解决粮食问题，从敌人那里获得一钟粮食，就相当于自己运输二十钟；从敌人那里获得一石草料，就相当于自己运输二十石。

【导读+图说】

本节指出，军队在行军打仗时，如果能从敌人手中夺取粮食，就能大大减少己方的消耗，从而为取得战争胜利创造更好的条件。所以，“智将务食于敌”，即明智的将领一定要设法从敌人那里解决粮食问题。俗话说：兵马未动，粮草先行。粮食供应对军队作战是至关重要的。但是古代运输条件落后，若出兵远征，往往平均每运上数十石粮食，作战部队真正能吃上的只有一石。据史载，秦始皇派蒙恬攻打匈奴，命令全国各地往军队运粮，从东海之滨长途运输到北河（今内蒙古乌加河），运上三十钟粮食，部队才能吃

▶图 2-3　清代黄梓绘制的《郑成功像》

上一石。所以,如果能从敌人手中夺取粮食,则既免除了己方长途运输的消耗,又削弱了敌人,当然是明智之举。1661 年,郑成功(见图 2-3)率军收复台湾,部队登陆后,便首先控制了荷兰军队的粮食仓库,为此后长期围困荷军、并迫使其最终投降打下了基础。连当时的荷军司令也说:"国姓爷如果没有从该地获得如此大量粮食,其军队就会因饥饿而崩溃,或者不得不被迫撤退。"

2.5 故杀敌者,怒①也;取敌之利者,货②也。故车战,得车十乘(shèng)已③上,赏其先得者,而更其旌旗④,车杂而乘之,卒⑤善而养之,是谓胜敌而益强。

【注释】

①怒:旺盛。一说指愤怒。

②货:这里指用财物作奖赏。

③已:同"以"。

④旌旗:各种旗子。

⑤卒:这里指俘虏的士兵。

【译文】

所以要让士兵奋勇杀敌,必须让他们斗志旺盛;要让士兵夺取敌人手中的财物,必须用财物来奖励他们。所以在车战时,凡是夺得敌人的战车十辆以上,就要奖赏首先夺得战车的人,并且更换战车上的旗帜,把它们混杂到我军的车队中,供将士们乘坐;对于俘虏的士兵,要善待他们,并把他们养起来。这就叫做战胜敌人而使自己更加强大。

【导读 + 图说】

本节指出,在战争中,既要懂得用奖赏有功人员的办法来鼓舞士气,又要善于使俘获的敌人为我所用,只有这样,才能做到"胜敌而益强",即战胜敌人后,使自己变得更加强大。与敌人作战,必然会造成己方人力、物力的巨大消耗,因此,要使自己在战胜敌人后变得更加强大,就要充分利用敌方的资源,其中,用俘获的敌人充实自己的队伍就是一条十分重要的途径。但是,要使曾经的敌人为我所用,并非易事,它需要军队的统帅有高明的御人之道。公元 24 年,光武帝刘秀(见图 2-4)在馆陶(今河北馆陶)击溃铜马起义军，俘获了数万人。他把这些俘虏分散编入了自己的队伍中。后来，刘秀发现这些俘虏满腹疑虑，忧心忡忡，便下令仍把他们单独编伍，并轻车简从，亲自去看望和慰问他们。刘秀此举，让俘虏们十分感动，纷纷表示愿效死力。

▶图 2-4　明代仇英绘制的《汉光武帝涉水图》

2.6　故兵贵胜①，不贵久。

【注释】

①胜：这里指速胜。

【译文】

所以用兵打仗贵在速胜，而忌旷日持久。

2.7　故知兵之将，生民①之司命②，国家安危之主也。

【注释】

①生民：指民众。

②司命：这里指掌握他人命运的人（司：主管；掌握）。

【译文】

所以懂得用兵打仗的将帅，掌握着民众的命运，是国家存亡安危的主宰者。

【导读＋图说】

本节强调了"知兵之将"的重要性，认为他们左右着民众的命运，是国家安危存亡的主宰者。廉颇是战国时赵国的名将，曾率军打败过齐国和魏国的军队。公元前 261 年，秦军攻赵，赵国派廉颇为将，与秦军战于长平（今山西高平西北）。当时秦强赵弱，廉颇与秦军数次交

▲图 2-5 周亚夫是汉初功臣周勃之子，汉景帝时任太尉，平定吴楚七国之乱后升为丞相。此为周亚夫像

战，都告失败，便及时调整战术，凭借有利地形，坚壁不战。廉颇采用的这一固守不战以老秦师的战术，对秦军来说无疑是极为不利的，于是，秦国便采用反间之计，终于使赵国撤掉了廉颇，换上了只会纸上谈兵的赵括。赵括代廉颇为将后，便一改廉颇的稳健做法，轻率地出兵与秦军决战，结果数十万大军被秦军全部歼灭，赵国的实力受到严重的削弱。由此可见，赵国以廉颇为将，可使秦军一筹莫展；以赵括为将，则白白葬送了数十万大军。另如汉文帝时，匈奴入侵，汉文帝于霸上、棘门、细柳设三处大营，并亲自前往劳军。当他到达霸上和棘门时，车马直入军营，只有到细柳时，必须禀报主帅周亚夫（见图 2-5）后方能进入，而且周亚夫身穿戎装，仅以军礼相见。汉文帝心中大喜，认为周亚夫是知兵之将。果然，在后来的吴楚七国之乱中，周亚夫担任主帅，很快就平定了叛乱。可见“知兵之将”的作用，确实不能小看。

“谋攻”即谋划战胜敌人。本篇指出，谋划战胜敌人的最高境界是“不战而屈人之兵”，因此，所谓百战百胜，并不是最好的；出兵攻打敌人，亦不是上策；至于攻打敌人的城池，则更是不得已之下策。此外，本篇还揭示了根据敌我力量的不同对比所应采取的对策、从五个方面来预见胜利的方法及国君的瞎指挥会给军队带来的灾难等，最后提出了“知彼知己，百战不殆”的重要军事思想。

谋攻篇第三

3.1 孙子曰：凡用兵之法，全国为上[①]，破国[②]次之；全军[③]为上，破军次之；全旅[④]为上，破旅次之；全卒[⑤]为上，破卒次之；全伍[⑥]为上，破伍次之。是故百战百胜，非善之善者[⑦]也；不战而屈[⑧]人之兵，善之善者也。

【注释】

①全国为上：降服整个敌国为上策。

②破国：攻破敌国。

③军：古代军队的编制单位，据《周礼》，一万两千五百人为一军。

④旅：据《周礼》，五百人为一旅。

⑤卒：据《周礼》，一百人为一卒。

⑥伍：据《周礼》，五人为一伍。

⑦善之善者：好中之好，指最好。

⑧屈：这里意为使屈服。

【译文】

孙子说：大凡用兵打仗的准则是，降服整个敌国为上策，攻破敌国就差一些；降服整支敌军为上策，攻破它就差一些；降服整个旅为上策，攻破它就差一些；降服整个卒为上策，攻破它就差一些；降服整个伍为上策，攻破它就差一些。所以，百战百胜，算不上是最好的；不用打仗而使敌人屈服，才是最好的。

▲图3-1　韩信是刘邦手下的著名大将，为西汉王朝的建立立下了汗马功劳。此为清代马骀(tái)绘制的《历代名将画谱》中的《登坛拜将》图，描绘了刘邦拜韩信为大将的情形

【导读＋图说】

战争是政治的继续，战争的根本目的不是杀人，而是为了推行自己的意志，让对方听从我的指挥。正是看到了战争的这一实质，所以孙子向我们揭示了评判战争行为高下的一条极其重要的准则："不战而屈人之兵，善之善者也"，即不通过打仗

而使敌人屈服，才是最好的。不战而屈人之兵，这当然是最好的，问题是敌人怎么会甘心屈服呢？要使敌人甘心屈服的办法只有一个，就是让它感到只有屈服投降才是唯一的出路。楚汉战争期间，汉将韩信（见图 3-1）率军击灭魏国，攻破代国，平定赵国，威震天下。此时在黄河以北与汉为敌的只剩下燕国。汉军攻破燕国虽只是时日的问题，但此时汉军将劳卒疲，若对燕国用兵，难免旷日持久。这时，韩信采用俘虏的赵国谋士李左车的建议，一方面休整军马，安抚赵国军民，摆出进攻燕国的态势；一方面派出一个善辩之士前往燕国，向他们宣扬汉军的声威，劝其投降。在强大的压力面前，燕国最终选择了投降。这就既为汉军赢得了时间，又避免了重大伤亡。

▲图 3-2　轒辒是古代攻城用的四轮车，此为《武经总要前集》中的“轒辒车”图

3.2　故上兵①伐谋②，其次伐交③，其次伐兵④，其下攻城。攻城之法为不得已。修⑤橹⑥轒辒（fénwēn）⑦，具⑧器械，三月而后成；距⑨闉（yīn）⑩，又三月而后已⑪。将不胜其忿而蚁附⑫之，杀士三分之一而城不拔⑬者，此攻之灾也。

故善用兵者，屈人之兵而非战也，拔人之城而非攻也，毁人之国而非久也，必以全争于天下，故兵不顿⑭而利可全，此谋攻之法也。

▲图 3-3　闉是攻城时在城边用土堆起来的山，此为《武经总要前集》中的“距闉”图

【注释】

①上兵：最好的用兵策略。

②伐谋：用谋略来攻

【译文】

所以最好的用兵策略是用计谋战胜敌人，其次是采取

伐。

③伐交：用外交来攻伐（交：指外交）。

④伐兵：用军队来攻伐。

⑤修：制造；制作。

⑥橹：大盾牌。

⑦轒辒：古代用来攻城的四轮车。（见图 3-2）

⑧具：准备。

⑨距：通“据”，指凭借。一说通“具”，指准备。

⑩闉：通“堙”，攻城时在城墙边用土堆的山。（见图 3-3）

⑪已：完成；完毕。

⑫蚁附：指攻城的人像蚂蚁一样附在城墙上往上爬。

⑬拔：攻克。

⑭顿：通“钝”，指受挫。

外交手段战胜敌人，再次是动用军队来战胜敌人，最下等的是攻打敌人的城池。攻打敌人的城池是万不得已时采用的方法。制造攻城用的大盾牌和四轮车，准备其他各种用于攻城的器械，要三个月的时间才能完成；在城墙边堆筑土山，又要三个月的时间才能完成。将领控制不住自己愤怒的情绪，命令士兵像蚂蚁一样密密麻麻地附在城墙上往上爬，士兵死伤三分之一而城池仍然无法攻克，这就是攻城造成的灾难。

所以善于用兵打仗的人，不用打仗就可以使敌军屈服，不用进攻就能夺取敌人的城池，在极短的时间内就可以摧毁敌国，一定要用全胜的策略与天下诸侯相争，所以军队不会受挫而想得到的利益又能保全，这就是谋划进攻时应该遵循的法则。

【导读＋图说】

本节指出，真正善于用兵的人，并不是那种在战场上指挥军队奋勇冲杀、最终取得胜利的人，而是根本不用通过战争就能把敌人打败的人，这就是所谓的“上兵伐谋”，即最好的用兵策略是用计谋战胜敌人。因为在每一次大的军事行动前，都会根据敌我双方的态势确定战争的方略和步骤，因此，如果此时能在谋略上胜人一筹，让敌人知难而退，无疑是最佳的。春秋时期，晋平公准备攻打齐国，就派范昭出使齐国，以摸清对方的虚实。在齐景公招待范昭的宴席上，范昭硬要用齐景公的酒器饮酒，当时晋强齐弱，齐景公只好答应范昭的要求。但在范昭用齐景公的酒器饮过酒

▲图 3-4　晏婴像，选自《中国历代帝王名臣像真迹》

后，齐卿晏婴（见图 3-4）就给齐景公换上了新的酒器。范昭又要求齐国的一位乐官演奏只有天子才能享用的乐曲，遭到这位乐官的拒绝。范昭回到晋国后，向晋平公建议不要对齐国用兵，因为齐国有能人，我想侮辱齐景公，但他的臣子很快就识破了我的计谋。晋国果然未敢轻举妄动。孔子曾对此事发表评论说：不离开宴席，就使千里之外意欲来犯的敌人受到挫败，说的就是晏婴啊！

3.3　故用兵之法，十[①]则围之，五则攻之，倍则分[②]之，敌[③]则能战之，少则能逃之，不若则能避之。故小敌之坚[④]，大敌之擒也。

【注释】

①十：指兵力十倍于敌人。

②分：分散。

③敌：对等；相当。

④坚：这里指坚守。

【译文】

所以用兵打仗的原则是，有十倍于敌的兵力就包围敌人，有五倍于敌的兵力就攻击敌人，有一倍于敌的兵力就分散敌人后再实施进攻，与敌人势均力敌时要设法战胜它，兵力少于敌人时要设法摆脱它，各方面实力不如敌人时就要避免与敌人正面交战。所以弱小的军队如果只知一味坚守，就会成为强大的敌人的俘虏。

【导读＋图说】

本节揭示了敌我双方的兵力处于不同比例情况时的应

▲图 3-5　反映汉朝与匈奴作战情形的“胡汉交战”画像石

对之道，但这些应对之道只是就原则而言，不能机械地加以运用，尤其是对其中的“故小敌之坚，大敌之擒也”，更应作综合分析。因为在战争中，常常有用一小部分兵力坚守某地，吸引敌人的主力，而大部队则作迂回包抄的战例，在这种情况下的“小敌之坚”，不但不会成为“大敌之擒”，而且会成为“大敌”的掘墓人。所以，这里说的“小敌”，应是指没有任何外援而力量又相对较弱的军队。另外，当“小敌”无路可遁时，与“大敌”血战到底，宁死不屈，无疑是一种壮举。公元前 123 年，汉武帝派大将军卫青率右将军苏建、前将军赵信等北击匈奴。(见图 3-5)在战争中，苏建和赵信所率的三千骑兵被匈奴单(chán)于率领的数万大军包围。经过一天的恶战，苏建所率的军队全军覆没，他只身一人突围逃回了卫青的大本营。对此，有人主张将苏建斩首，以正军法；更多的人则认为：兵法上说：“小敌之坚，大敌之擒也”，苏建受到十倍于己的敌人的包围，因此，他的失败是必然的，但苏建以弱击强，至死都没有异心，若因此将苏建斩首，这不是逼着人们在面临强敌时就选择投降吗？所以没有把苏建斩首的道理。

3.4　夫将者，国之辅①也，辅周②则国必强，辅隙③则国必弱。

【注释】

①辅:辅佐。

②周:周到;完备。

③隙:缺陷;漏洞。

【译文】

将帅是国君的辅佐,辅佐得周密,国家一定能强盛;辅佐得有疏漏,国家一定会衰弱。

3.5 故君之所以患[①]于军者三:不知军之不可以进而谓[②]之进,不知军之不可以退而谓之退,是谓縻(mí)军[③];不知三军[④]之事而同[⑤]三军之政[⑥]者,则军士惑矣;不知三军之权[⑦]而同三军之任[⑧],则军士疑矣。三军既惑且疑,则诸侯之难至矣,是谓乱军引[⑨]胜。

【注释】

①患:这里指造成危害或祸患。

②谓:说,这里指命令。

③縻军:束缚军队(縻:束缚;牵系)。

④三军:泛指军队。

⑤同:共同参与。

⑥政:行政。

⑦权:权谋;权变。

⑧任:责任,这里指指挥。

⑨引:导致。

【译文】

所以国君对军队造成危害的有三种情况:不知道军队不应该前进而命令它前进,不知道军队不应该后退而命令它后退,这叫做束缚军队;不懂得军队的事务而干预军队的行政工作,将士们就会感到迷惑;不懂得军队用兵打仗的权谋而干预军队的指挥,将士们就会充满疑虑。全军上下既迷惑又感到疑虑,就会发生诸侯国前来进攻的灾难,这叫做搞乱自己的军队而造成敌人的胜利。

【导读 + 图说】

本节主要论述了国君有可能给军队带来的三个方面的负面影响。国君是一国之主,掌握着生杀予夺的大权,但他不一定懂军事。一个掌握着至高无上权力的外行会给军队带来什么样的灾难,是可想而知的。其中的“不知军之不可以进而谓之进,不知军

▲图 3-6　唐代李昭道绘制的《明皇幸蜀图》，描绘了安史之乱时唐玄宗逃到四川时的情形

之不可以退而谓之退，是谓縻军"，指国君不知道军队不应该前进而命令它前进，不知道军队不应该后退而命令它后退，这叫做束缚军队。而国君束缚军队的直接后果就是导致军队在战争中失败。公元 755 年，安禄山率军占领洛阳后，派兵向唐都长安进发，在潼关被唐兵马副元帅哥舒翰击退。唐玄宗对安禄山的反叛极为恼火，命令哥舒翰迅速出兵平叛。但当时安禄山兵强马壮，潼关守军虽号称有 20 万，却系临时拼凑而成，战斗力并不强。因此，哥舒翰上书玄宗，要求暂行坚守之计，待敌疲敝，再乘机予以歼灭。大将郭子仪与李光弼也上书玄宗，主张"潼关大军，惟应固守以弊之，不可轻出"。但唐玄宗一意孤行，他不断派使者令哥舒翰迅速出击。在迫不得已的情况下，哥舒翰率兵出关，结果被安军打得大败，20 万军队只有 8000 人逃回，哥舒翰被迫投降安军，潼关失守。潼关失守后，长安失去了屏障，唐玄宗也被迫离开长安，踏上了逃亡之路，饱尝这因瞎指挥带来的苦果。（见图 3-6）

3.6 故知胜有五：知可以战与不可以战者胜，识众寡[①]之用者胜，上下同欲[②]者胜，以虞[③]待不虞者胜，将能而君不御[④]者胜。此五者，知胜之道也。

【注释】

①众寡：指兵力的多与少。

②同欲：同心一意。

③虞：准备。

④御：驾驭，这里指干预、束缚。

【译文】

因此可以从五个方面来预见胜利：知道什么情况下可以开战，什么情况下不可以开战的，能够获胜；知道根据兵力的多少而灵活运用的，能够获胜；全军上下同心同德的，能够获胜；以有准备对待没有准备的，能够获胜；将帅有能力而国君不加以干预的，能够获胜。通过这五个方面来预见胜利，就是预见胜利的方法。

【导读＋图说】

在1.2中，孙子提出可以从道、天、地、将、法五个方面来预测战争的胜负，在此又提出了预测战争能否取胜的五个方面，两者是什么关系呢？我认为，比较而言，此处的五个方面更加具体，与战争的关系也更为直接。尤其是其中的“上下同欲者胜，以虞待不虞者胜”，即全军上下同心同德的能够获胜，以有准备对待没有准备的能够获胜。反之，如果全军上下离心离德，军队在战前不作准备，都会导致在战争中失败。公元前597年，楚庄王伐郑，当时的霸主晋国派荀林父率先縠(hú)、士会、赵旃(zhān)等将带兵救郑。晋军赶到黄河边时，听说郑国已归附楚国，荀林父就想还师。但副帅先縠不同意，他认为这样做有损晋国的声威，便擅自率所部渡过了黄河。荀林父对此不但未予究责，自己也无奈地率军渡过了黄河。楚军见晋军追来，便遣使求和。对此，晋军内部出现了分歧，有的主战，有的主和。赵旃因请求做卿未获批准，便故意挑起事端。他在夜间到楚军前挑战，楚庄王率兵追赶。晋军见状，也赶紧出兵接应赵旃。楚军以为晋军要大举进攻，于是全军出动，向晋军发起攻击。荀林父见楚军冲来，不知所措，一个劲地命令军队

▲图 3-7 春秋时期，大国争霸，将帅在军中的作用十分重要。晋军之败，正是由于将帅无能。此为宋代马和之根据《诗经·小雅·采薇》所作的绘画，诗中歌颂了军中将帅的作用

赶紧渡河撤退，结果演变为大溃退，造成晋军死伤无数。此役史称邲（bì，古地名，在今河南荥阳东北）之战。可见，正是晋军内部不和，不能上下同欲，临战又不作准备，才导致了战争的失败。邲之战后，楚庄王确立了霸主地位。（见图 3-7）

3.7 故曰：知彼知己[1]，百战不殆（dài）[2]；不知彼而知己，一胜一负；不知彼，不知己，每战必殆。

【注释】

①知彼知己：宋本《十一家注孙子》作“知彼知己者”，其他各本均无“者”字。

②殆：危险。

【译文】

所以说：了解敌人，也了解自己，百战都不会有危险；不了解敌人而只了解自己，胜负的可能性各占一半；既不了解敌人，也不了解自己，那就每战都有危险。

【导读 + 图说】

“知彼知己，百战不殆”，这是孙子总结的至理名言，也是指导战争的根本原则。历代名将之所以能在战争中屡屡获胜，都是因为遵循了这一原则。相反，只知己不知彼，或只知彼不知己，都不能保证在战争中获胜。至于既不知己又不

知彼，那么在战争中就必败无疑。公元四世纪，前秦王苻坚任用贤能的王猛为相，国力日益强盛，逐渐统一了北方。但是，连年的统一战争，也弄得兵疲于外，民困于内，百姓急需休养生息。此时与前秦对峙的主要有僻处江南的东晋政权，东晋的军事实力虽比不上前秦，但政局稳定，内部团结。因此，王猛在临死前告诫苻坚，东晋上下安和，千万不要试图去灭亡它。但是，苻坚一直想着混一海内，并未听从这一劝告。公元 382 年，苻坚认为灭亡东晋的时机已经成熟，便着手进行军事部署。然而，当时的朝臣大多以东晋内部团结、又有长江天险为由，反对此次行动。对此，苻坚则认为：我有八州的民众，用百万兵马去进攻，即使每个人扔下一条马鞭，也足以阻断江水，取东晋岂不易如反掌！第二年，苻坚不顾各方反对，下诏集全国兵力，号称百万，大举伐晋。然而，淝水一战，苻坚的百万大军溃不成军，死者达十之七八。此后不久，前秦政权也土崩瓦解，北方再次陷入分裂混战的局面。因此，正是苻坚的既不知彼，又不知己，才造成了这一大败亏输的局面。（见图 3-8）

◀图 3-8　清代苏六朋绘制的《东山报捷图》，描绘了东晋丞相谢安一边与客人下围棋，一边等待淝水之战消息的情形

本篇从不同的角度揭示了什么是真正的“善战者”即善于用兵打仗的人，它主要包括三个方面：一是要“先为不可胜”即让自己立于不败之地；二是要在自己立于不败之地的基础上，不错失任何可以战胜敌人的机会；三是要在军队的组织和部署时形成强大的优势，从而让敌人处于必败之地，而这种强大的优势，也就是本篇的主题——“形”的实质所在。

形篇第四

4.1 孙子曰：昔之善战者，先为不可胜①，以待敌之可胜。不可胜在己，可胜在敌。故善战者，能为不可胜，不能使敌之可胜。故曰：胜可知而不可为②。

不可胜者，守也；可胜者，攻也。守则不足③，攻则有余。善守者，藏于九地④之下；善攻者，动于九天⑤之上，故能自保而全胜也。

【注释】

①不可胜：不能被战胜。

②为：指人为地强求。

③不足：指兵力不足。

④九地：指极深的地下。

⑤九天：指极高的天上。

【译文】

孙子说：过去善于打仗的人，总是先让自己立于不败之地，然后等待能战胜敌人的机会。让自己立于不败之地的主动权掌握在自己手中，能否战胜敌人，则在于敌人是否提供了这样的条件。所以善于打仗的人，能使自己立于不败之地，却不能保证一定能战胜敌人。所以说：胜利可以预知，却不能人为地去强求。

能立于不败之地，是因为有严密的防守；能够战胜敌人，是因为发动了凌厉的攻势。采取防守是因为兵力不足，采取进攻是因为兵力充足。善于防守的人，就像藏在极深的地下一样；善于进攻的人，就像从极高的天上降临敌阵一样，所以能够保全自己并取得全胜。

【导读＋图说】

本节主要论述了战争中攻和守之间的辩证关系：当力量不足时，要善于自守；当力量充足时，就要果断地发动进攻去取胜。但是，无论是攻还是守，都必须注意一个重要的前提：确保自身的安全，也就是所谓的“昔之善战者，先为不可胜，以待敌之可胜”，意即善于打仗的人，总是先让自己立于不败之地，然后再等待可以战胜敌人的机会。换句话说，在战争中，首先要学会保存自己，

▲图 4-1　明代版画《瑞世良英》中的“将帅之臣”图，描绘了李牧在匈奴进犯时坚壁不战的情形

然后才谈得上去消灭敌人。李牧是战国末年赵国的将领，曾领兵驻守赵国的边境代和雁门。当时，匈奴经常骚扰赵国的边境，针对匈奴骑兵来去如风、飘忽不定的特点，李牧以“先为不可胜”为原则，命令部众：若遇匈奴来犯，应立即退守，不可与之交战。同时，加强军队建设，练习骑射，厚赏部下。这样过了几年，匈奴以为赵军怯懦无能，便开始轻敌麻痹。而李牧经过几年的努力，已训练出了一支能征善战的队伍。于是，他让人们把牛羊大批放到原野上，诱使匈奴前来抢掠。等到匈奴的十多万骑兵大肆抢掠牛羊时，李牧突出奇兵，左右夹击，把匈奴打得大败。此后的十多年间，匈奴连赵国的边境都不敢靠近。（见图 4-1）

4.2　见胜不过[1]众人之所知，非善之善者也；战胜而天下曰善，非善之善者也。故举秋毫[2]不为多力，见日月不为明目，闻雷霆不为聪[3]耳。古之所谓善战者，胜于易胜者也。故善战者之胜也，无智名，无勇功[4]。故其战胜不忒（tè）[5]，不忒者，其所措[6]必胜，胜已败者[7]也。故善战者，立于不败之地，而不失敌之败也。是故胜兵先胜[8]而后求战，败兵先战而后求胜。善用兵者，修道[9]而保法[10]，故能为胜败之政[11]。

【注释】

①过:超过。

②秋毫:鸟兽秋天生长的细毛,比喻极细小之物。

③聪:听觉灵敏。

④勇功:勇敢杀敌的功劳。

⑤忒:差错。

⑥措:措施。

⑦已败者:指已经注定要失败的敌人。

⑧先胜:指预先有了战胜敌人的把握。

⑨道:指政治上清明,具体内容即1.2中的"令民与上同意也"。

⑩法:指法令,具体内容即1.2中的"曲制、官道、主用也"。

⑪政:这里指主宰。

【译文】

预见胜利而没有超过普通人的见识,这不是最好的;打了胜仗而天下人都称好,这也不是最好的。所以能把秋毫举起来算不得力气大,能看见日月算不得眼睛亮,能听见雷霆声算不得耳朵灵。古代所谓善于打仗的人,是打败了容易战胜的敌人。所以善于打仗的人取得胜利后,没有智慧的名声,没有勇敢杀敌的功劳。所以他必将取得胜利,这不会出任何差错,之所以不会出差错,是因为他采取的措施能确保胜利,他战胜的是已经注定要失败的敌人。所以善于打仗的人,总是让自己立于不败之地,而不错失任何战胜敌人的机会。因此,打胜仗的军队,都是预先有了胜利的把握,然后再寻求与敌人作战;打败仗的军队,则是先与敌人作战,然后再希图侥幸获胜。善于用兵打仗的人,修明政治,严格执法,所以能成为决定战争胜败的主宰。

【导读】

本节继续论述什么是真正的善战者,它包括能在战争中使自己立于不败之地、能打有把握之仗、能主宰战争的胜负,等等。其中的"见胜不过众人之所知,非善之善者也",值得我们细细琢磨。此句意为:能预见胜利,但是没有超出普通人的见识,这算不上最好的。那么什么才算是最好的呢?从孙子的逻辑来看,应该是:在所有人都预见不到胜利时,你能预见到胜利,这才是最好的。韩信是楚汉相争时刘邦手下的著名将领,他用兵如神,在历史上留下不少美谈。公元前204年,赵国将领陈余集中20万大军,在井陉（xíng）口（今河北井陉东）立下壁垒，准备与韩信率领的汉军决战。当时韩信兵少，便准备设计诱歼赵军。他率军抵达井陉口附近后，于半夜时派两千人埋伏在赵军的壁垒附近。到了第二天早晨，他命令部队向井陉口进发，并对部下说：等攻下赵国后再吃早饭。汉军对此都感到惊讶不已。部队到达绵蔓水（今河北井陉东）东岸，他又让其中近万人的队伍背水列阵，引得赵军哈哈大笑，认为韩信根本不知用兵。韩信则亲率主力到井陉口，诱使赵军出击。之后又佯装败退，进入背水阵。赵军见汉军如此不堪一击，便倾巢出动，追击汉军。这时，埋伏在壁垒附近的两千汉军趁虚占领壁垒，并在壁垒上换上了汉军的旗帜。正在进攻背水阵的赵军见壁垒易帜，以为自己的主帅已经被擒，顿时大乱。汉军乘势夹击，大破赵军，斩杀陈余，平定了赵国。韩信在此役中奇招叠出，匪夷所思，看似行险，却又有必胜的把握，正配得上孙子所说的“善之善者”也。

4.3 兵法：一曰度①，二曰量②，三曰数③，四曰称④，五曰胜。地生度⑤，度生量⑥，量生数⑦，数生称⑧，称生胜⑨。故胜兵若以镒（yì）称铢（zhū）⑩，败兵若以铢称镒。胜者之战民⑪也，若决积水于千仞（rèn）⑫之谿（xī）⑬者，形⑭也。

【注释】

①度：这里指土地面积的大小。一说指忖度、判断。 ②量：这里指物产数量的多少。一说指战场容量。 ③数：这里指可动用的兵力的数目。 ④称：比较；权衡。 ⑤地生度：有了土地就可以丈量它面积的大小。 ⑥度生量：根据土地面积就可估计物产数量的多少。 ⑦量生数：根

【译文】

兵法上要求注意这样五个方面：一是土地面积的大小，二是物产数量的多少，三是有多少兵力可以动用，四是要比较敌我双方的力量，五是要判断战争的胜负。有了土地就可以丈量它面积的大小，根据土地面积的大小就可以估计物产数量的多

据物产数量的多少就可以估算可动用兵力的数目。 ⑧数生称：根据动用兵力的数目就可以衡量敌我双方的实力。 ⑨称生胜：通过对敌我双方实力的权衡就可以预见谁胜谁负。 ⑩镒称铢：用镒来称量铢，比喻占有绝对优势。镒和铢都是古代的重量单位，一镒为二十四两，一铢为二十四分之一两，一镒等于一铢的576倍。 ⑪战民：指挥士兵作战。 ⑫仞：古代长度单位，一仞等于七尺或八尺。 ⑬谿：山间的河沟；溪流。 ⑭形：这里指基于军事实力而显示出来的巨大威力。

少，根据物产数量的多少就可以估算能动用的兵力的数目，根据动用兵力的数目就可以衡量敌我双方的实力，通过对敌我双方实力的比较就可以预见谁胜谁负。所以获胜的军队与失败的军队相比，就像用镒称量铢一样处于绝对优势；失败的军队与获胜的军队相比，就像用铢称量镒一样处于绝对的劣势。胜利者在指挥军队作战时，就像千仞高的溪流中积聚的水因决口而向下奔泻一样，这就是基于军事实力而显示出来的巨大威力。

【导读＋图说】

本节认为，强大的军事实力对于取得战争的胜利具有决定性的作用，因此，当一方准备向另一方发动进攻时，必须提前在人力、物力等方面作充分的准备，以形成压倒一切的绝对优势，从而确保战争的胜利。此即所谓“胜者之战民也，若决积水于千仞之谿者”，即胜利者在指挥军队作战时，就像千仞高的溪流中积聚的水因决口而向下奔泻一样势不可挡。公元581年，隋文帝杨坚建立隋朝后，便有志于消灭南方的陈朝，统一中国。为此，他首先在国内实施了一系列兴利除弊的措施，以增强国力；同时发兵北击突厥，以解除灭陈时的后顾之忧。接着，从公元585年开始，便全面展开了灭陈的具体步骤，其中包括：大造战船，为渡江作战作准备；大搞间谍活动，一方面搜集陈朝的情报，一方面破坏陈朝的社会秩序；多次在江边集结部队，摆出要大规模进袭的样子，当陈朝

▶图 4-2 隋文帝杨坚和陈后主陈叔宝像，选自唐代阎立本绘制的《历代帝王图》

调集部队应付时，则又按兵不动，以麻痹陈军；……这样几年下来，搞得陈朝经济凋敝，军心瓦解，而以陈叔宝为首的陈朝统治集团则麻木不仁，整天饮酒作乐，歌舞升平。于是，公元 588 年，隋文帝发动 50 多万部队大举进攻陈朝。因为战前准备充分，隋军占有军事上的绝对优势，因此，在短短的四个月时间里，陈军土崩瓦解，陈叔宝也束手就擒，陈朝灭亡。(见图 4-2)

本篇所谓的“势”，指战争中因军队的组织、部署而形成的某种态势，特指因战场上对奇正的灵活运用而造成的态势，即所谓“战势不过奇正”。本篇指出，一个善于用兵打仗的人，首先必须充分认识到势的重要性，即“善战者，求之于势，不责于人”；其次就是要懂得利用这种势，既要会“任势”，又要会“造势”，只有这样，才能真正掌握战争的主动权。

势篇第五

5.1 孙子曰：凡治众如治寡，分数①是也；斗众②如斗寡，形名③是也；三军之众，可使必④受敌而无败者，奇正⑤是也；兵之所加，如以碫（duàn）⑥投卵者，虚实⑦是也。

【注释】

①分数：分别人数，指按一定的编制组织队伍。

②斗众：指挥人数多的军队战斗。

③形名：这里特指军事指挥的原则和方法。一说形指旌旗，名指金鼓。

④必：假使；即使。一作"毕"，指全部。

⑤奇正：战略战术上的一对范畴，包含的内容很丰富，通常以战场上的正面交战为正，半途伏击、袭击等为奇。

⑥碫：磨刀用的石块。

⑦虚实：这里指避实击虚。

【译文】

孙子说：治理人数多的军队如同治理人数少的军队一样，这是依靠把队伍按一定的编制组织起来；指挥人数多的军队作战如同指挥人数少的军队作战一样，这是在军事指挥中采用了有效的手段；所统帅的全部军队，可以让它即使在受到敌人进攻时也不会打败仗，是因为在战略战术上正确运用了奇和正；军队进攻敌人时，如同以石击卵一样，是因为采取了避实击虚的方法。

▲图 5-1 戚继光像

【导读 + 图说】

本节介绍了兵法上的一些重要的概念，包括分数、形名、虚实和奇正。充分认识这些概念所包含的内涵，并在战争中加以灵活运用，对于取得战争的胜利，具有至关重要的作用。其中的“三军之众，可使必受敌而无败者，奇正是也”，指当所指挥的军队受到强敌进攻时不会打败仗，是因为巧妙地运用了正兵和奇兵。1563 年十一月，倭寇两万多人在福建登陆，并以其中的一万多人包围了仙游城。当时在福建作战的戚继光（见图 5-1）军仅数千人，兵力不及倭寇的一半。为了守住仙游，同时又牵制住倭寇，不让其四处抢掠，戚继光把他仅有的兵力分为正兵和奇兵两部分，用正兵守仙游城，以吸住倭寇主力。奇兵则又分为数股，如以精兵五百迫近敌营，作牵制性攻击，以分散守城部队的压力；又以精兵六百进屯倭营附近；又以一部分兵力抄到敌军身后，发铳呐喊，以扰乱敌人。这样，戚家军成攻地抗住了倭寇的进攻。到了十二月，援军到达，戚继光率军反攻，多次重创倭寇，基本平息了福建的倭患。（见图 5-2）

▼图 5-2 明代的《抗倭图卷》中描绘的明军与倭寇作战的场景

5.2 凡战者，以正合①，以奇胜。故善出奇者，无穷如天地，不竭如江河。终而复始，日月是也；死而复生，四时②是也。声不过五，五声③之变，不可胜④听也；色不过五，五色⑤之变，不可胜观也；味不过五，五味⑥之变，不可胜尝也。战势⑦不过奇正⑧，奇正之变，不可胜穷也。奇正相生⑨，如循⑩环之无端，孰能穷之？

【注释】

①合：交战。

②四时：指一年四季。

③五声：指宫、商、角、徵(zhǐ)、羽五个基本音阶。

④胜：尽。

⑤五色：指青、黄、赤、白、黑五种颜色，我国古代以它们为正色。

⑥五味：指酸、辛、甘、苦、咸五种滋味。

⑦战势：作战的方式。

⑧奇正：见5.1注⑤。

⑨相生：指互相依存和转化。

⑩循：顺着；沿着。

【译文】

大凡作战时，都是用部队与敌人正面交战，用奇兵取得胜利。所以善于出奇制胜的人，像天地一样变化无穷，像江河一样奔流不息。日月周而复始地运行，四季来回不断地更替。声音只有宫、商、角、徵、羽五个音阶，然而这五声的组合变化，却能产生听不完的音乐；颜色只有青、黄、赤、白、黑五种正色，然而这五色的掺杂变化，却能产生看不完的色彩；滋味只有酸、辛、甘、苦、咸五种，然而这五味的调合变化，却能产生尝不尽的味道。作战的方式只有奇和正两种，然而奇和正的运用变化，却不可穷尽。奇和正之间互相依存和转化，就像顺着圆环转动一样没有终点，谁能够穷尽它？

【导读】

在《孙子兵法》中，奇正可谓全书的核心概念，故孙子在此对之作了充分的论述。正指正面交战，堂堂正正，完全依靠实力；奇则指为取胜而采取的一切变通手段。在具体的战争中，正有正的作用，奇有奇的作用，两者不可或缺。但是，相比之下，孙子还是更重视奇的作用，因为正无法包含奇，而奇中则可以包含正，它可以有正中之奇、奇中之正，甚而还可以有奇中之奇，所以孙子说“凡战者，以正合，以奇胜”，指作战时要用部队与敌人正面交战，用奇兵取得胜利。与敌人正面交战，是军队实力和士气的较量，而出动奇兵制胜，则是军事将领谋略和智慧的体现。郑庄公是春秋初年的霸主，郑国得以在诸侯国中称霸，与其采取灵活机动的战术，屡屡在战争中获胜有直接的关系。如公元前718年，郑国进攻卫国，燕国出兵救卫，与郑国的军队在北制（在今河南荥阳）开战。当时，郑国把三军部署在燕军的正面，却另派一支部队偷偷迂回到燕军的背后。燕军只注意防备正面的郑军，却没料到在背后遭到郑军的袭击，结果大败。这是历史上“以正合，以奇胜”的典型战例。

5.3 激水①之疾，至于漂石者，势也；鸷（zhì）鸟②之疾，至于毁折③者，节④也。是故善战者，其势险，其节短。势如彍（guō）⑤弩⑥，节如发机⑦。

【注释】

①激水：湍急的水流。
②鸷鸟：凶猛的鸟。
③毁折：指捕杀其他鸟类。 ④节：节奏。一说指距离。 ⑤彍：拉开弓弦。 ⑥弩：用机械发射箭的弓。 ⑦机：弩上用于发射的机括。

【译文】

湍急的水疾速流动，以至于能让石头漂浮起来，这是借助于强大的水势；凶猛的鸟急速飞动，以至于能击杀其他鸟类，这是掌握了一定的节奏。所以善于打仗的人，他造成的态势极其险峻，攻击的节奏极其短促。险峻的态势就像拉满弦的弩，短促的节奏就像扣动弩上的扳机。

5.4 纷纷纭纭①，斗乱②而不可乱也；浑浑沌沌③，形圆④而不可败也。

【注释】

①纷纷纭纭：杂多而混乱的样子。　②斗乱：在混乱的状况下作战。　③浑浑沌沌：模糊不清的样子。　④形圆：把阵形部署得圆融无碍。一说指摆成圆阵。

【译文】

战场上人马杂乱，在这种混乱的状况下作战，自己的队伍一定不能混乱；战场上的局势混沌不明，在这种情况下作战，应把阵形部署得圆融无碍，以立于不败之地。

【导读＋图说】

本节强调在形势错综复杂、瞬息万变的战场上，一定要镇定自若，做到胸有成竹，不被眼前的混乱局面所迷惑。其中的“浑浑沌沌，形圆而不可败也”，指在战场上的局势混沌不明的情况下，一定要把阵形部署得圆融无碍，以立于不败之地。所谓把阵形部署得圆融无碍，主要指排兵布阵时，要使自己的军队既能克制住敌人的进攻，又能及时进行机动，伺机歼灭敌人。1140年，南宋湖北、京西宣抚使岳飞率军向中原地区发动反攻，连克郾(yǎn)城、颍(yǐng)昌等地。金将宗弼为扭转危局，乘宋军兵力分散之机，向郾城、颍昌等地推进。七月，宗弼在郾城之战中失败后，又集中3万余骑进逼颍昌城

▲图5-3　描绘岳飞与金兵作战情形的清代绘画

下。颍昌守将王贵、岳云率兵出城，与金军进行决战。当时金军的阵列是：中为步兵，左右两翼为骑兵。宋军摆出的阵列是：以800余骑对付金军的步兵，左右两翼则为步兵。战斗从早晨开始，一直进行到中午。守城的宋将看到战斗进行到白热化时，率军冲击金军的右翼骑兵。最终，金兵不支，全线败退。此役宋军杀死金军5000余人，俘2000余人，缴获马3000余匹。（见图5-3）

5.5 乱生于治①，怯生于勇，弱生于强。治乱，数②也；勇怯，势也；强弱，形③也。故善动④敌者，形⑤之，敌必从之；予之，敌必取之。以利动之，以卒⑥待之。

【注释】

①治：治理得好，安定。
②数：指军队的编制。
③形：形势，这里指军事实力。
④动：调动。
⑤形：指示以某种假象。
⑥卒：指军队。

【译文】

整齐会变得混乱，勇敢会变得怯懦，强大会变得弱小。整齐和混乱，取决于军队的编制；勇敢和怯懦，取决于态势的优劣；强大和弱小，取决于实力的对比。所以善于调动敌人的人，用假象欺骗敌人，敌人一定会上当；用利益引诱敌人，敌人一定会来夺取。用利益来调动敌人，用军队来迎击它。

【导读＋图说】

本节认为，在战争中，所谓乱和治、怯和勇、弱和强都是相对的，高明的将领，不但能使乱变治，使怯变勇，使弱变强，还能通过种种手段，去有效地调动敌人。其中的“形之，敌必从之”，就是指制造某种假象，敌人一定会上当。而当敌人上当时，它就会听从我的摆布，当然也就逃脱不了覆灭的命运。公元前341年，魏国进攻韩国，韩国向齐国求救。齐国派田忌为将，以孙膑为军师，率十万大军向魏国都城大梁（今河南开封）进军，以调动进攻韩国的魏军。魏国得知这一消息后，便派太子申为上将军，并以庞涓为将，率十万大军尾追齐军。魏国向来轻视齐国，认为齐军怯懦，不堪一击。因此，孙膑向田忌建议，可用减灶示弱的方法欺骗魏军，然后寻机消灭之。这样，第一天，齐军砌了可为十万人做饭的灶，第二天减为五万人的，第三天则减为两万人的。庞涓一路尾随，看到齐军的灶一天天锐减，以为齐军胆怯，刚入魏境三天士卒就逃亡了大半，于是丢下步卒，率领部分轻车锐骑兼程追赶。孙膑则根据庞涓的行程，在地势险要的马陵（在今河南范县西南）设下伏兵，等到庞涓进入伏击圈时，齐军万箭齐发，魏军大败。齐军乘胜追击，十万魏军被全歼，太子申被俘。魏国从此一蹶不振。（见图 5-4）

▲图 5-4 明代版画《元曲选》中的“庞涓夜走马陵道”图，描绘了马陵之战的情形

5.6 故善战者，求之于势，不责①于人，故能择人而任②势。任势者，其战人③也，如转木石。木石之性，安④则静，危⑤则动，方则止，圆则行。故善战人之势，如转圆石于千仞（rèn）⑥之山者，势也。

【注释】

①责：苛责。

②任：凭借。

③战人：指挥军队作战。

【译文】

所以善于打仗的人，总是寻求某种有利的态势，而不去苛责自己的部下，所以能够选择恰当的人才去利用这种态势。善于利用态势的人，他在指挥军队作战时，就像转动木头和石头一样。木头和石

④安：这里指平坦的地方。 ⑤危：这里指倾斜的地方。 ⑥仞：古代长度单位，一仞等于七尺或八尺。

头的特性是：处于平坦的地方就静止，处于倾斜的地方就转动，方形的就静止不动，圆形的就向前滚动。所以善于打仗的人所造成的态势，就像在千仞高的高山上转动圆形的石头使它向下滚落，这就是所谓的势。

【导读＋图说】

本节着重论述了"任势"的重要性。所谓"任势"，就是根据战场的客观形势，采取灵活有效的应对措施，从而造成必胜的态势，这就需要将领有高超的指挥艺术。而作为军队的主帅，就必须学会"择人而任势"，即在战争中选择合适的人才为将，并且根据客观的形势指挥作战。这里强调的是两个方面：一是要选择合适的人才，二是要因势利导。公元215年，曹操进攻汉中的张鲁政权，只留张辽(见图5-5)、李典、乐进率七千人守合肥城。行前，曹操给护军薛悌留下一封信，信封上写着等敌军到来时再开拆。当时，孙权乘合肥空虚，亲率十万大军前来攻城。薛悌、张辽等把信拆开后，发现上面写着：若孙权至，张、李二将军出战，乐将军守城。张辽判断当时的形势，认为魏军兵少，除了趁孙权立足未稳之时奋力一战，别无良策。于是留下乐进守城，他与李典趁吴军尚未集中的机会，率八百勇士闯入吴军阵营，大杀一阵，然后回城固守。吴军因为被挫伤了锐气，围城十余日，始终无法得逞，只好撤兵。从此次战役来看，正是因为曹操选对了将领，而将领又能根据客观形势采取正确的对策，所以才保证了合肥的安全。

▲图5-5 张辽像，选自《清抄绘图描金银〈三国志演义〉》

“虚实”的“虚”指兵力分散而薄弱，“实”指兵力集中而强大。在战争中，只有避实击虚，以实击虚，才能掌握主动权，最终取得胜利。本篇论述了如何运用虚实的变化，在战争中掌握主动权的问题。它主要包括如下内容：1.“致人而不致于人”，即调动敌人而不受敌人调动；2.出其不意地打击敌人，成为“敌之司命”即敌人命运的主宰者；3.“我专而敌分”，即集中优势兵力打击分散之敌；4.灵活机动地指挥作战，让敌人无法作出正确的判断；5.比敌人先抵达战场，以逸待劳；等等。

虚实篇第六

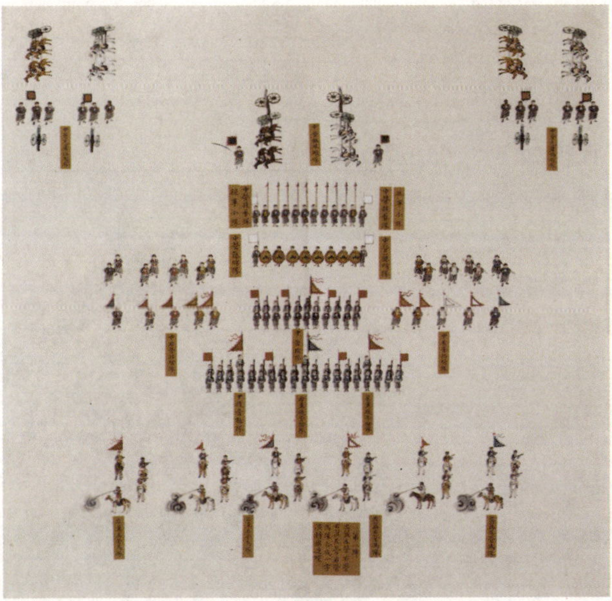

6.1 孙子曰：凡先处战地而待敌者佚①，后处战地而趋战②者劳③。故善战者，致④人而不致于人。能使敌人自至者，利之也；能使敌人不得至者，害之也。故敌佚能劳之，饱能饥之，安能动之。

【注释】

①佚：安逸；舒服。

②趋战：奔赴战场作战，这里有仓促应战的意思(趋：奔向；奔赴)。

③劳：劳顿；疲劳。

④致：招致，这里是调动的意思。

【译文】

孙子说：凡是先到达战场等待敌人到来的就从容，后到达战场而仓促应战的就疲劳。所以善于打仗的人，能调动敌人而不被敌人所调动。能使敌人自动前来，是让它觉得来了对它有利；能使敌人不会前来，是让它觉得来了对它有害。所以敌人安逸时要使它变得疲劳，敌人粮食充足时要使它变得饥饿，敌人安静不动时要让它动起来。

▼图 6-1 明代版画《元曲选》中的“伍子胥一战入郢(yǐng)”图，描绘了伍子胥领兵攻占楚国国都时的情形

【导读＋图说】

本节论述了如何在战争中掌握主动权的问题。孙子认为，善于用兵打仗的人，往往能调动敌人而不受敌人调动，调动敌人有各种不同的手段，包括诱之以利、示之以害、饱而饥之、安而动之等等。其中的“敌佚能劳之”，指敌人安逸时，要让它变得疲劳。而等到敌人疲劳不堪的时候，我方再发动突然袭击，就可以确保战争的胜利。公元前 512 年，吴

王阖(hé)庐准备大举进攻楚国,孙武劝阻说,现在时机还不成熟,还应进一步等待。那么时机在什么时候才能成熟呢?伍子胥向阖庐出了一个疲敝楚国的计策:组织三支军队,用其中一支对楚国的某个目标发动突然袭击,等楚国组织大军抵御时,这支军队赶紧撤回来,然后用另一支军队对楚国的另一个目标发动突然袭击,之后又退回来。这样三支军队不断轮换袭击楚国,对我方来说是十分轻松的事,楚国却会因此疲于奔命。伍子胥的计策实施了六年之久,楚军被拖得疲惫不堪,同时又认为吴军不过是捣乱而已,不可能真正对楚国大规模入侵,从而放松了应有的警惕。然而,到了公元前506年,楚国进攻蔡国,蔡国向吴国求救。吴国君臣认为对楚作战的时机已经成熟,于是发动了大规模的进攻,在柏举(今湖北汉川县北)大败楚军,并最终占领了楚国的国都。(见图6-1)

6.2 出其所不趋[①],趋其所不意。行千里而不劳者,行于无人之地也。攻而必取者,攻其所不守也;守而必固者,守其所不攻[②]也。故善攻者,敌不知其所守;善守者,敌不知其所攻。微[③]乎微乎,至于无形;神乎神乎,至于无声,故能为敌之司命[④]。

【注释】

①不趋:不能奔赴,这里指无法迅速救援。

②不攻:这里当指不敢进攻的地方。

③微:精微;微妙。

④司命:这里指掌握他人命运的人(司:主管;掌握)。

【译文】

出击敌人无法迅速救援的地方,向敌人意想不到的地方快速进军。行军千里而不感到疲劳,是因为行进在无人防守的地方。发动进攻就一定能攻取,是因为进攻的是对方守备薄弱的地方;防守就一定能稳固,是因为所守的是敌人不敢进攻的地方。所以善于进攻的人,敌人不知道该在哪里设防;善于防守的人,敌人不知道该向哪里进攻。微妙啊微妙,以至于没有任何形迹;神奇啊神奇,以至于没有丝毫声息,所以能成为敌人命运的主宰者。

【导读+图说】

本节论述了掌握战场上的主动权并克敌制胜的具体方法。孙子认为，善于进攻的人，敌人不知道如何去防守；善于防守的人，敌人不知道怎样去进攻，这样就能成为敌人命运的主宰者。那么，怎样才能在进攻时让敌人不知如何去防守呢？关键是在用兵时要做到“出其所不趋，趋其所不意”，指出击敌人无法迅速救援的地方，向敌人意想不到的地方快速进军。军队向敌人的上述地方快速进击，目的是调动敌人，让敌人听从我的调遣，因此，这些进击的地方必须是敌人的必救之地。公元前354年，赵国出兵攻卫，迫使卫国向它朝贡。魏国为了维护自己的霸主地位，派庞涓率兵攻赵，并包围了赵国的国都邯郸。赵国向齐国求救。齐国为了消耗赵、魏两国，等到魏国攻下邯郸后，才命田忌为将，以孙膑（见图6-2）为军师，率大军救赵。当时，田忌准备直接进入赵国作战，孙膑劝阻说：魏国与赵国作战，精锐皆在赵国，不如乘魏国国内空虚，向魏国都城大梁进军，届时魏军肯定会回救大梁，这样，既可解赵国之难，又可乘魏军疲敝时予以痛击。田忌同意了孙膑的建议，率军向大梁进发。庞涓得知这一消息后，赶紧从赵国撤兵，回救大梁。孙膑则事先在魏军必经的桂陵（今河南长垣南）设下伏兵，予魏军以极大的杀伤。这就是历史上有名的“围魏救赵”，此战成功的关键正在于“出其所不趋，趋其所不意”。

▲图6-2　孙膑是我国历史上著名的军事家，著有《孙膑兵法》，此为孙膑像

6.3　进而不可御①者，冲②其虚也；退而不可追者，速而不可及也。故我欲战，敌虽高垒深沟，不得不与我战者，攻其所必救也；我不欲战，画地③而守之，敌不得与我战者，乖④其所之⑤也。

【注释】

①御：抵御。
②冲：冲击。
③画地：在地上画线。
④乖：违背，这里指改变。
⑤之：到；往。

【译文】

进攻时敌人无法抵御，是因为攻向了敌人兵力空虚的地方；后退时敌人无法进行追击，是因为后退的速度很快，敌人无法追上。所以如果我想交战，敌人即使筑有高高的营垒，挖有深深的防护壕沟，也不得不出来与我交战，是因为我向敌人必须救援的地方发起了攻击；如果我不想交战，即使只是在地上画出界线进行防守，敌人也无法与我交战，是因为我已经使敌人改变了进攻的方向。

▼图 6-3　清代版画《三国志》中的“司马懿攻公孙渊”图

【导读 + 图说】

本节继续论述如何在战场上掌握主动权的问题：当我发动进攻的时候，敌人根本无法防守；当我撤退的时候，敌人根本追不上我；当我守御的时候，敌人始终无法攻破我；……这一切是如何做到的呢？靠的是善于利用敌人的弱点，因势利导。其中的“故我欲战，敌虽高垒深沟，不得不与我战者，攻其所必救也”，指如果我想与敌人作战，敌人即使筑有高高的营垒，挖有深深的壕沟，也不得不出来与我交战，是因为我攻向了敌人的必救之地。“攻其所必救”，这是调动敌人的最有效的手段之一。三国时，魏将司马懿征讨公孙渊，并包围了公孙渊的军队。但公孙渊凭借坚固的防御工事，固守不出，企图拖垮魏军。于是，司马懿突然命令部队解围，向公孙渊的巢穴——襄平进军。公孙渊怕襄平有失，不得不出来阻截魏军。司马懿等的就是这个机会，立即命军队回头痛击，获得大胜。（见图 6-3）

6.4 故形人[①]而我无形，则我专[②]而敌分[③]；我专为一，敌分为十，是以十攻其一也，则我众而敌寡；能以众击寡者，则吾之所与战者约[④]矣。吾所与战之地不可知，不可知，则敌所备者多；敌所备者多，则吾所与战者寡矣。故备前则后寡，备后则前寡，备左则右寡，备右则左寡，无所不备，则无所不寡。寡者，备人者也；众者，使人备己者也。

【注释】

①形人：指使敌人显露形迹。

②专：集中。

③分：分散。

④约：穷困；困窘。一说指少。

【译文】

所以让敌人暴露形迹而我则隐遁无形，这样我就可以集中兵力而敌人只能分散兵力；我的兵力集中在一处，敌人的兵力分散在十处，我就可以用十倍的兵力攻击一处的敌人，这样就造成了我众敌寡的态势；能够以众击寡，那么与我作战的敌军就会陷于窘境。我准备与敌人作战的地方不要让敌人知道，敌人不知道，那么它要守备的地方就会很多；敌人守备的地方一多，那么能够直接与我作战的兵力就少了。所以敌人守备前面，那么后面的兵力就少；守备后面，前面的兵力就少；守备左面，右面的兵力就少；守备右面，左面的兵力就少；所有的地方都守备，那么所有地方的兵力就都少。兵力显得少，是因为要处处分兵防备别人；兵力显得多，是因为让别人处处分兵防备自己。

【导读＋图说】

本节主要论述了在战争中如何集中优势兵力消灭分散之敌

的问题。其中的“我专为一，敌分为十，是以十攻其一也，则我众而敌寡；能以众击寡者，则吾之所与战者约矣”，指当敌我双方势均力敌或我方实力不如敌方时，要设法让敌方分兵，然后集中我方的兵力去攻击分散的敌人，从而收到在局部战役中以多击少、逐个歼灭的效果。在萨尔浒之战中，努尔哈赤正是运用《孙子兵法》中的这一原则，取得战争胜利的。1619 年，明朝出动十万大军，向后金首都赫图阿拉（今辽宁新宾老城）进攻，试图一举消灭后金军队。然而，明军统帅杨镐在指挥上却犯下致命错误，他把明军分为东、南、西、北四路，分道出动，以期在赫图阿拉城下会师。针对明军的这一部署，努尔哈赤的方针是“凭尔几路来，我只一路去”。当时后金军队共有七万多人，且在士气、地理环境等方面占有优势。当明军将领杜松率西路军到达萨尔浒时，努尔哈赤

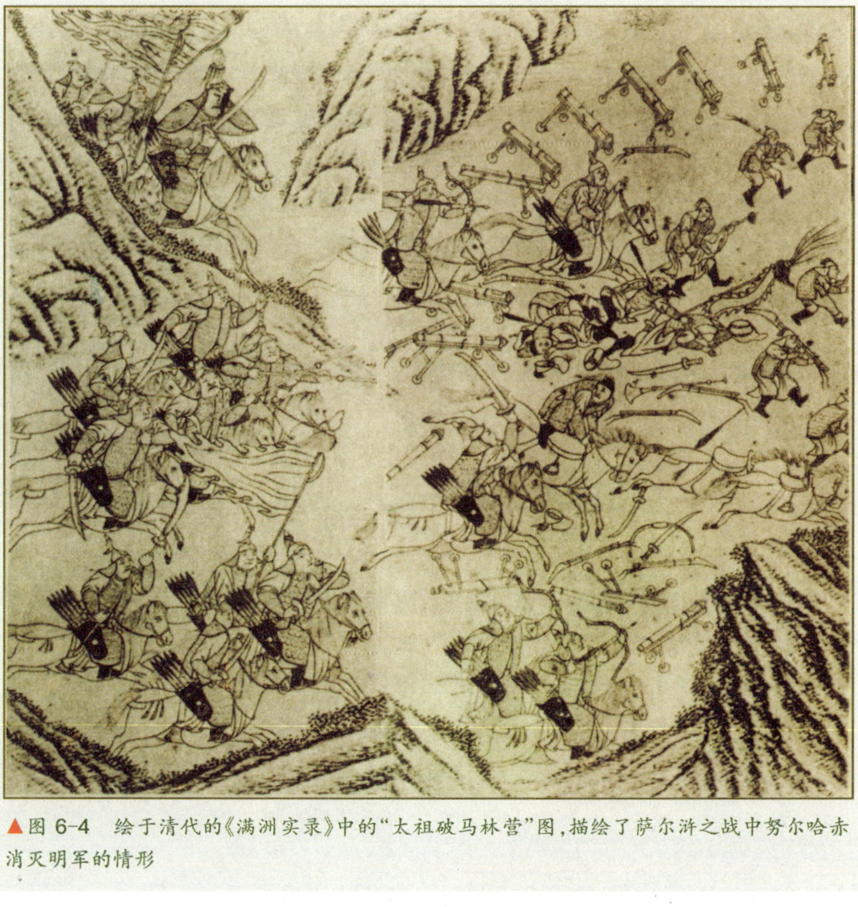

▲图 6-4　绘于清代的《满洲实录》中的“太祖破马林营”图，描绘了萨尔浒之战中努尔哈赤消灭明军的情形

以优势的兵力全歼了明西路军。接着，努尔哈赤以得胜之师攻马林率领的明北路军，又予以全歼。之后，又以同样的方法全歼了刘綎(tīng)率领的明东路军。明南路军行动迟缓，得知东、西、北三路大军被全歼后，赶紧撤退，侥幸躲过一劫。萨尔浒之战进行了短短不到五天时间，明军战死近五万人，后金军队则仅损失两千余人。而明军失败的原因正在于兵分四路，给努尔哈赤制造了"以众击寡"的机会。(见图 6-4)

6.5 故知战之地，知战之日，则可千里而会战；不知战地，不知战日，则左不能救右，右不能救左，前不能救后，后不能救前，而况远者数十里，近者数里乎？

【译文】

所以，知道在什么地方与敌人作战，知道在什么时候与敌人作战，就可以行进千里去与敌人交战；不知道在什么地方与敌人作战，不知道在什么时候与敌人作战，那就左面救不了右面，右面救不了左面，前面救不了后面，后面救不了前面，更何况部队之间远的相隔数十里，近的也相隔数里之遥呢？

6.6 以吾度(duó)①之，越人②之兵虽多，亦奚(xī)③益于胜败哉？故曰：胜可为④也。敌虽众，可使无斗⑤。

【注释】

①度：揣测；估量。
②越人：越国人。越国是春秋时期的诸侯国，与吴国相邻。
③奚：疑问代词，相当于"何"。
④为：指人为造成；创造。
⑤无斗：指没有战斗力。

【译文】

在我看来，越国人的兵力虽然很多，但对于战争的胜败又有什么作用呢？所以说：胜利是可以通过努力去促成的。敌人虽然众多，但可以使它失去战斗力。

【导读】

“胜可为也”，指胜利可以通过人为的努力去促成。然而，在4.1中，却明确地指出：“胜可知而不可为”，即胜利可以预知，却不能人为地去强求。如何理解这两句看上去自相矛盾的话呢？我认为，关键是要看孙子在说这两句话时的前提。当他说“胜可知而不可为”时，他是就“不可胜在己，可胜在敌”而言的，“可胜在敌”意即能否战胜敌人，在于敌人是否提供了这样的条件。因此，当敌人没有提供这样的条件即没有战胜敌人的条件时，当然不能去强求胜利。“胜可为也”则是就将帅的主观能动性而言的，当客观情况无法战胜敌人时，将帅应该努力去调动敌人，从而创造出能够战胜敌人的条件。

6.7 故策①之而知得失之计②，作③之而知动静之理，形④之而知死生之地，角⑤之而知有余不足⑥之处。

故形兵⑦之极，至于无形；无形，则深间⑧不能窥，智者不能谋。因形而错⑨胜于众，众不能知；人皆知我所以胜之形⑩，而莫知吾所以制胜之形。故其战胜不复⑪，而应形⑫于无穷。

【注释】

①策：筹算；分析。

②得失之计：指计谋的得失。

③作：这里指触动、挑动。

④形：一说指侦察地形；一说指示形。

⑤角：较量。

⑥有余不足：指兵力配置的强和弱。

⑦形兵：使军队的部署呈现某种形态，这里指排兵

【译文】

所以经过分析，就可以知道计谋的得失；挑动敌人，就可以了解敌人行动的规律；经过侦察，就可以知道什么地方是死地，什么地方是生地；与敌人尝试性地交手，就可以知道敌人在兵力配置上的虚实。

所以在排兵布阵时制造假象达到极点，就可以不露任何形迹；不露任何形迹，那么深藏的间谍无法探明虚实，有智

布阵时用来迷惑敌人的假象。
⑧深间:深藏的间谍。
⑨错:同“措”,指放置。
⑩形:一说指情状;一说指方法。
⑪复:重复。
⑫应形:适应具体的形势。

谋的人想不出对付的办法。即使把根据敌情灵活变化而取得的胜利放在众人面前,众人也不知道其中的奥妙;人们都知道我取得胜利运用的方法,却没有人知道我是如何运用这些方法克敌制胜的。所以他从不重复使用以前取得战争胜利的方法,而是根据具体的情形变化无穷。

【导读+图说】

本节着重论述了灵活机动地运用战略战术对于取得战争胜利的重要性。一个高明的军事家,必须做到能在敌人意想不到的时间,在敌人意想不到的地点,运用敌人意想不到的方法发动进攻。而要做到这一切,摸清敌情是基本的前提。摸清敌情的方法很多,这里的“角之而知有余不足之处”,指与敌人尝试性地交手,就可以知道敌人的虚实,含有进行火力侦察的意思。通过火力侦察,摸清了敌人的底细,就可以制订出有效的进攻方案。公元 221 年,刘备因蜀将关羽被东吴擒杀,出兵攻伐东吴。东吴以陆逊为将,采用固守疲敌之计,与蜀军相持于猇

▲图 6-5　清代朱芝轩绘制的《三国志演义图画》中的“陆逊营烧七百里”图,描绘了陆逊采用火攻大败蜀军的情形

(xiāo)亭(今湖北宜都北)一带。第二年,陆逊发现蜀军士气沮丧,且连营数百里,便决定实施反攻。反攻前,他先派出小股兵力攻打蜀军的一个营,结果失利,不少将领对陆逊的这种做法感到不解甚至不满,陆逊则认为通过此战,他已有了破敌的妙招。因为在此战中,他发现蜀军的营垒都用木栅栏构成,可采用火攻破之。果然,当吴军把蜀军的营垒点燃后,蜀军大乱,陆逊乘势进攻,蜀军土崩瓦解,死伤无数。刘备只带着少数人马狼狈逃回。(见图 6-5)

6.8 夫兵形①象水,水之形,避高而趋下;兵之形,避实而击虚。水因地而制流,兵因敌而制胜。故兵无常②势,水无常形,能因敌变化而取胜者,谓之神③。

故五行无常胜④,四时无常位⑤,日有短长,月有死生⑥。

【注释】

①形:这里有规律、特点的意思。

②常:永恒不变。

③神:神奇;玄妙。

④五行无常胜:五行中没有哪一种因素是永远能克制别的因素的(五行:指金、木、水、火、土。胜:克)。

⑤常位:处在某个位置上不动。

⑥月有死生:指月亮阴历每月初一在天空中看不见(死),之后又慢慢能够看见(生)。

【译文】

用兵的规律与流水相似,流水的特点,是避开高处而向低处流;用兵的规律,是避开兵力雄厚的地方而攻击兵力薄弱的地方。水根据地形而确定流动的方向,军队根据敌情而制订取胜的方法。所以用兵没有永恒不变的方法,水没有固定不变的形状,能根据敌情的变化而取得胜利的,才称得上神奇。

所以五行中没有哪一种因素是永远能够克制别的因素的,四季中没有哪一季进入后就不向别的季节转变,白天有短有长,月亮有时出现,有时则看不见。

【导读+图说】

本节以水为喻，通过水在流动时避高而就下的特点，得出用兵打仗时的一个重要的原则："兵之形，避实而击虚"，即用兵的规律，是避开敌人兵力雄厚的地方而攻击其兵力薄弱的地方。当敌我双方势均力敌或我方实力不如敌方时，采用避实击虚的方法，是取得胜利的有效途径。公元前632年，楚国攻打宋国，晋文公(见图6-6)率军救宋。晋国与楚国的军队在城濮(今河南濮县临濮集)进行决战。当时，晋国的上、中、下三军与楚、陈、蔡联合的左、中、右三军相对列阵，楚军主帅子玉认为己方实力雄厚，便骄傲地认为，今日晋军必败无疑。晋军则经过观察，发现对方实力最强的是中军，而右军由陈、蔡两国联军组成，是薄弱之处，便首先攻向右军，并予以击溃。晋国的上军则佯装败退，诱使对方的左军出击，然后以上、中两军合击左军，亦予以击溃。子玉见左、右两军皆遭败绩，便急忙令中军撤退，狼狈逃回楚国。

▼图 6-6　晋文公是春秋五霸之一，他是晋献公的儿子，曾在外流亡 19 年，于公元前 636 年返回晋国做国君。此为南宋李唐绘制的《晋文公复国图》(局部)

“军争”指在战争中争夺主动权。本篇认为，在战争中，最难的问题莫过于如何掌握主动权。因为要掌握战争的主动权，必须做到“以迂为直，以患为利”，即把迂回曲折变成直截，把不利变为有利。比如在奔赴某个目的地与敌争利时，军队全副武装行进，势必会影响行军速度；若抛弃辎重，轻装前进，则又容易丧失战斗力，这就需要将帅作出明智的抉择。接着，本篇指出，“兵以诈立，以利动，以分合为变”，即以诡诈为原则，根据是否有利而采取行动，通过军队的分散和集中来实施变化，这才是真正有效的军争之法。此外，本篇还论述了行军打仗的一些具体原则，如要了解诸侯国的谋略，行军时要使用向导，作战时要依靠金鼓和旌旗，要根据不同的敌情采取相应的措施，并提出了“避其锐气，击其惰归”的著名理论。

军争篇第七

7.1 孙子曰：凡用兵之法，将受命于君，合军聚众，交和①而舍②，莫难于军争③。军争之难者，以迂④为直⑤，以患为利。故迂其途，而诱之以利，后人发，先人至，此知迂直之计者也。

【注释】

①交和：两军军门相对（和：和门，指军门）。

②舍：驻扎。

③军争：两军争夺取胜的主动权。

④迂：迂回曲折。

⑤直：直截。

【译文】

孙子说：大凡用兵打仗的方法，将帅从国君那里接受命令，聚集众人，组建军队，直到与敌军军门相对而驻扎，这中间最难的莫过于与敌人争夺取胜的主动权。与敌人争夺取胜的主动权之所以困难，是因为要把迂回曲折变为直截，要把不利变为有利。所以在路上迂回前进，用利益诱惑敌人，比敌人晚出发，却能比敌人先到达，这就是懂得把迂回曲折变为直截的计谋的人。

【导读】

本节指出，在用兵打仗时，最难处理的问题是“军争”即在战争中争夺主动权；而在“军争”中，最难的又是变迂为直、变患为利。变迂为直的含意是：“故迂其途，而诱之以利，后人发，先人至”，指在路上迂回前进，用利益诱惑敌人，比敌人晚出发，却能比敌人先到达。比敌人先到达战场，当然就能掌握战争的主动权，为取得胜利打下基础。而要做到比敌人晚出发，却又比敌人先到达，则必须采取一系列的欺骗或迷惑手段。公元前269年，秦国派胡阳率兵攻打赵国的阏（yān）与（今山西和顺），赵国派赵奢率兵救援。赵奢刚离开赵国国都邯郸三十里，便命军队驻扎下来，并不断增筑营垒，摆出一副固守的样子。这样过了二十八天，秦国派出一个间谍前来窥探虚实，赵奢好好地把这位间谍招待了一番，然后放他回去了。胡阳听了间谍的汇报后，认为阏与已是自己的囊中之物，指日可下。这时，赵奢却突然命令部队全速前进，只用两天一夜的时间，就到达了距阏与五十里的地方。之后，赵奢命令部队修筑营垒，并占领了战略要地——北山。胡阳听说后，领兵前来攻打，却始终无法攻下北山。赵奢率兵进攻，秦军大败，只好退回秦国。

7.2 故军争为①利，军争为危。举军②而争利，则不及；委军③而争利，则辎重捐④。是故卷甲⑤而趋，日夜不处⑥，倍道兼行⑦，百里而争利，则擒三将军⑧，劲者先，疲者后，其法十一而至；五十里而争利，则蹶（jué）⑨上将军⑩，其法半至；三十里而争利，则三分之二至。是故军无辎重则亡，无粮食则亡，无委积⑪则亡。

【注释】

①为：有。
②举军：全军。这里指全军带着辎重。
③委军：这里指军队丢弃辎重（委：丢弃）。
④捐：抛弃。
⑤甲：铠甲。
⑥处：停止；休息。
⑦倍道兼行：指一天走两天的路。
⑧三将军：这里指三军的将帅。
⑨蹶：使挫败。
⑩上将军：率军征战的主帅。一说为前军之将。
⑪委积：指仓廪中聚积的物资。

【译文】

争夺取胜的主动权时有有利的一面，也存在危险。全军带着辎重去争利，就不能及时到达目的地；军队丢弃辎重去争利，又会失去辎重。所以卷起铠甲快速奔向目的地，日夜都不休息，一天走两天的路，行军百里去争利，三军的将帅都会被敌人擒获，身体强壮的跑在前面，身体弱的落在后面，采用这种方法，只有十分之一的人能到达目的地；行军五十里去争利，率军征战的主帅会被挫败，采用这种方法，只有一半的人能到达目的地；行军三十里去争利，也只有三分之二的人能到达目的地。所以军队没有辎重就会失败，没有粮食就会失败，仓廪中没有物资储备也会失败。

7.3 故不知诸侯之谋者，不能豫交[①]；不知山林、险阻[②]、沮（jù）泽[③]之形者，不能行军；不用乡导[④]者，不能得地利[⑤]。

【注释】

①豫交：与之结交（豫：通“与”，指参与）。
②险阻：险恶而有阻碍的道路。
③沮泽：水草丛生的沼泽。
④乡导：即向导（乡：通“向”）。
⑤地利：地理的优势。

【译文】

所以不了解其他诸侯国的图谋，就不能与之结交；不知道山林、险阻、沼泽的地形分布，就不能行军；不用向导带路，就不能充分利用地理的优势。

7.4 故兵以诈立[①]，以利动，以分合[②]为变者也。故其疾如风，其徐[③]如林，侵掠[④]如火，不动如山，难知如阴[⑤]，动如雷震。掠乡分众[⑥]，廓[⑦]地分利[⑧]，悬权[⑨]而动。先知迂直之计者胜。此军争[⑩]之法也。

【注释】

①以诈立：指以诡诈为原则。 ②分合：指军队的分散和集中。 ③徐：缓慢。 ④侵掠：这里指进攻、攻击。 ⑤阴：指阴天。 ⑥分众：一说指分配俘虏的人众；一说指分兵。 ⑦廓：同“扩”，指扩张。 ⑧分利：一说指分配利益；一说指分兵把守要害之地。 ⑨悬权：悬挂秤锤（权：秤锤），

【译文】

所以用兵打仗要以诡诈为原则，根据是否有利而采取行动，通过军队的分散和集中来实施变化。所以军队快速行动时像狂风一样迅捷，缓慢行动时像森林一样从容，发动攻击时像烈火一样迅猛，静止不动时像山岳一样稳固，隐蔽时像阴云笼罩一样难以窥测，行动时像雷霆震动一样声威逼人。掠取乡间的财物，分配俘获的人众；扩张领土，分配所得的利益；权衡利弊得失后，再采取行动。先懂得把迂回曲折变为直

指权衡。 ⑩军争：见7.1注③。

截的计谋的人能获胜。这就是争夺取胜的主动权的原则。

【导读＋图说】

本节介绍了“军争”即在战争中争夺主动权的一些具体方法，其中最值得我们重视的是“兵以诈立”的思想。所谓“兵以诈立”，指用兵打仗以诡诈为原则，与1.5中所说的“兵者，诡道也”意思相同，后人则有“兵不厌诈”之说。人们常说“商场如战场”，这种说法其实是存在很大问题的，因为经商以诚信为原则，与用兵的以诡诈为原则截然不同。用兵打仗以获胜为最高的也是唯一的目标，所以常常可以不择手段。1360年，占据安徽、江西一带的陈友谅凭借其在军事上的优势，向占据南京一带的朱元璋部发起进攻。由于众寡悬殊，朱元璋的一些谋士甚至认为只有投降一途。朱元璋也知道不能硬拼，便决定用计取胜。他命陈友谅的一位名叫康茂才的朋友给陈友谅写了一封信，声称自己现守江东桥（在今南京市西郊），愿意做内应，建议陈友谅兵分三路，到江东桥后连呼“老康”，他便

▶图7-1　描绘朱元璋与陈友谅在水上决战情形的清代绘画

出来接应，并强调江东桥桥身为木制。朱元璋则连夜把桥换为铁桥，并在各重要路口设下伏兵。陈友谅信以为真，率众直扑江东桥。但当他到达江东桥后，发现桥为铁制，且连呼"老康"而无人答应，知道上当，但还未来得及撤退，朱元璋伏兵四起，陈友谅大败。(见图 7-1)

7.5 《军政》①曰："言不相闻，故为金鼓②；视不相见，故为旌旗。"夫金鼓旌旗者，所以一③人之耳目也。人既专一，则勇者不得独进，怯者不得独退，此用众④之法也。故夜战多火鼓⑤，昼战多旌旗，所以变人之耳目也。

【注释】

①《军政》：古代的一种兵书，已佚。

②金鼓：打仗时用来指挥军队进退的军鼓和铜锣。(见图 7-2)

③一：统一。

【译文】

《军政》上说："因为打仗时口头发布命令大家听不见，所以设置了金鼓；因为战场上用手势指挥大家看不见，所以设置了旌旗。"金鼓和旌旗，是用来统一人们的行动的。人们的行动既然得到了统一，那么勇敢的人不得单独前进，胆怯的人不得独自后退，这就是指挥众多的人作战的方法。所以夜间作战多用火把和战鼓，

▼图 7-2　西汉时期的《击鼓攻战》画像砖，描绘了两军激战的场面，右侧为正在击鼓助战的武士

④用众：指挥众人。

⑤火鼓：火把和战鼓。一作“金鼓”。

白天作战多用旌旗，这些都是根据人们在战场上耳目视听的需要而作出的改变。

7.6 故三军可夺气[①]，将军可夺心[②]。是故朝气锐[③]，昼气惰[④]，暮气归[⑤]。故善用兵者，避其锐气，击其惰归，此治气[⑥]者也。以治[⑦]待乱，以静待哗，此治心者也。以近待远，以佚待劳，以饱待饥，此治力者也。无邀[⑧]正正之旗[⑨]，勿击堂堂之陈(zhèn)[⑩]，此治变者也。

【注释】

①夺气：丧失胆气。

②夺心：动摇决心。

③朝气锐：早晨的士气旺盛，这里指初战时士气旺盛。

④昼气惰：白天的士气懈怠，这里指时间久了士气懈怠。

⑤暮气归：傍晚的士气衰竭，这里指战争后期士气衰竭(归：返归)。

⑥治气：掌握士气变化。

⑦治：严整；整齐。

⑧邀：邀击；半路阻击。

⑨正正之旗：指旗帜整齐的部队。

⑩堂堂之陈：指士气高昂、纪律严明的部队(陈：通“阵”)。

【译文】

所以可以让三军丧失胆气，可以让将军动摇决心。所以军队初战时士气旺盛；时间一久，士气就会懈怠；到了后期，士气就会衰竭。所以善于用兵打仗的人，不在敌人士气旺盛时与之交战，而是在敌人士气懈怠、衰竭时发动攻击，这是掌握士气变化而采用的方法。用自己的严整来对付敌人的混乱，用自己的安静镇定来对付敌人的喧哗浮躁，这是掌握心理变化而采用的方法。以自己靠近战场来对付远道而来的敌人，以自己的从容不迫来对付疲困劳累的敌人，以自己的饱足来对付饥饿的敌人，这是掌握力量变化而采用的方法。不要半路阻击旗帜整齐的部队，不要向士气高昂、纪律严明的部队发起进攻，这是掌握变化的规律而采用的方法。

【导读】

本节提出了“治心”、“治力”、“治变”、“治气”四种针对战场上的具体情况而采取的应对措施。所谓“治心”，指让军队保持良好的心态去对付敌人；所谓“治力”，指让军队保持良好的体力去对付敌人；所谓“治变”，指不随便向训练有素、纪律严明的军队发起进攻。至于“治气”，其主要内容为：“故善用兵者，避其锐气，击其惰归”，指善于用兵打仗的人，不在敌人士气旺盛时与之交战，而是在敌人士气懈怠、衰竭时再发起攻击。冷兵器时代，战士们面对冰冷的兵刃，全靠一股勇气进行搏杀，但这种勇气不是随时随地都有的，当战士们饥饿或者疲惫时，这种勇气就会大打折扣。所以聪明的将帅在指挥作战时，一定会在对方士气低落时发起进攻。公元前684年，齐国进攻鲁国，双方战于长勺(在今山东曲阜北)。当齐军第一次擂鼓时，鲁庄公就要出击，武士曹刿(guì)阻止说：还不是时候。当齐军第二次擂鼓时，曹刿仍说不宜出击。等到齐军第三次擂鼓后，曹刿才说：可以出击了。于是，鲁军攻向齐军，并取得了胜利。鲁庄公对此感到不解，曹刿解释说：打仗，靠的是勇气，第一次击鼓时，战士的士气最旺，到第三次击鼓时，士气就衰竭了，我乘敌人士气衰竭时发动进攻，当然就能取胜了。

7.7 故用兵之法，高陵勿向①，背丘②勿逆③，佯北④勿从⑤，锐卒勿攻，饵兵⑥勿食，归师⑦勿遏⑧，围师必阙(quē)⑨，穷寇⑩勿迫，此用兵之法也。

【注释】

①向：这里指仰攻。
②背丘：背靠山冈。
③逆：这里指迎面进攻。
④北：败北。
⑤从：这里指追击。
⑥饵兵：引诱对方上当的部队。

【译文】

所以，用兵打仗的原则是：不要向据守在高地上的敌人发动仰攻，不要正面进攻背靠山冈的敌人，不要追击假装败退的敌人，不要向士气旺盛的敌人发动进攻，不要去吃引诱我军上当的敌人，不要去拦击往回撤退的敌

⑦归师：往回撤退的部队。
⑧遏：阻拦；阻止。
⑨阙：同“缺”，指缺口。
⑩穷寇：穷途末路的敌人。

人，包围敌人时一定要留缺口，不要逼迫穷途末路的敌人，这些都是用兵打仗的原则。

【导读＋图说】

本节介绍了一些具体的用兵打仗的原则和方法，它提醒军队的将领，一定要根据客观的形势和敌情作出明智的判断，切不可贸然采取行动。其中的“佯北勿从”，指不要追击假装败退的敌人。因为敌人之所以假装败退，是要把我引入它设下的伏击圈。当然，如果在敌人败退时，乘胜追击，可以取得更大的胜利，此种机会也不可错失。因此，关键在于将帅必须判明敌人败退是真的还是假的，再采取相应的对策，否则，不是错失良机，就是因受骗上当而失败。公元前260年，秦国以白起为将，率大军进攻赵国；赵国以赵括为将，在长平（今山西高平县西北）与秦军作战。白起根据赵括好大喜功、缺乏实战经验的特点，决定诱敌深入，再聚而歼之。当赵括向秦军大举进攻时，白起的部队假装败退，赵括不明虚实，率部穷追，到了秦军的壁垒下面。此时，白起命大军切断赵括的归路和粮道，把赵括的数十万大军紧紧包围起来。经过长达四十六天的围困，赵军饥疲之极，最终，赵括在突围时被射死，数十万赵军全部解甲降秦，而且降秦后的赵军全部被白起坑杀。（见图7-3）

▲图7-3　清代马骀（tái）绘制的《历代名将画谱》中的《坑弃万军》图，描绘了白起杀害被俘赵军的情形

【导读+图说】

“归师勿遏，围师必阙，穷寇勿迫”，指不要拦击往回撤退的敌人，包围敌人时一定要留下缺口，不要逼迫穷途末路的敌人。这些都是用兵打仗的基本原则，因为往回撤退的敌人归心似箭，拦击他们会招致拼命的反击，付出的代价会很大；包围敌人时留下缺口，敌人都想从缺口处逃生，就不会拼死作战；陷于穷途末路的敌人有必死之心，逼迫它会给自己带来惨重的损失。然而，这只是事物的一个方面，从历史事实来看，拦击归师、围师不阙、追逼穷寇而取得胜利的战例不胜枚举。如公元 1130 年，金将宗弼率金军主力南下追击宋高宗赵构不获，因水土不服，撤军北归，途中遭到宋军的拦击，黄天荡一战，差点全军覆灭；1864 年，湘军包围太平天国的天京（即南京）城，采用铁壁合围的方法，最终得以破城（见图 7-4）；解放战争时期，毛泽东更是号召“宜将剩勇追穷寇”，终于把蒋介石集团赶出了中国大陆。

◀图 7-4　绘于清代的天京失陷图，描绘了太平天国首都天京被湘军攻破的情形

该篇较为集中地论述了为将之道。首先是为将者要根据不同的地理环境及处境采取不同的对策，如“绝地无留”、“围地则谋”、“死地则战”，等等；其次是为将者必须充分发挥主观能动性，对选择什么样的行军路线，在什么情况下可以进攻，如何对待君主的命令，等等，都要有正确的决断；第三是要客观、充分地分析形势，要根据不同的情况采取灵活机动的战略战术，要从利和害两个方面全面地考虑问题；第四是有备无患，不要打无准备之仗；第五是为将者必须避免“五危”即五种容易带来危险的弱点，包括只知一味死拼、贪生怕死、容易发怒，等等。

该篇名为“九变”，但是对于“九变”的理解，却存在分歧。不少学者认为“九变”指各种变化，但也有学者认为，“九变”指“九地之变”，因此，该篇的内容，实际上是“九地”篇的一部分。

九变篇第八

8.1 孙子曰：凡用兵之法，将受命于君，合军聚众，圮（pǐ）地①无舍②，衢地③交合④，绝地⑤无留，围地⑥则谋，死地⑦则战。

涂⑧有所不由⑨，军有所不击，城有所不攻，地有所不争，君命有所不受。

【注释】

①圮地：难以通行的地区。一说指低洼之地。

②舍：住宿，这里指驻扎。

③衢地：四通八达的地方。

④交合：指结交。

⑤绝地：指无法生存的地方。

⑥围地：容易被包围的地方。

⑦死地：不经死战难以生还的地方。

⑧涂：同“途”，指道路。

⑨由：经过。

【译文】

孙子说：大凡用兵打仗的方法，将帅从国君那里接受命令，聚集众人，组建军队，不要在难以通行的地方扎营，在四通八达的地方要结交四邻，不要在无法生存的地方停留，在易被敌人包围的地方要出奇谋，陷入死地时要拼死奋战。

有的道路不要去走，有的敌军不要去攻击，有的城池不要去攻打，有的地盘不要去争夺，国君的命令有的也可以不听从。

▼图 8-1　李渊即唐高祖，字叔德，唐朝的建立者。公元 618-626 年在位。此为唐高祖李渊像

【导读 + 图说】

本节论述了为将者在面对不同的地域和军情时所应采取的具体措施，包括不要在难以通行的地方扎营，陷入重围时要有奇谋，要正确对待国君的命令，要选择正确的进攻目标，等等。其中的“城有所不攻”，指有的城池不要去攻打。什么样的城池不要去攻打呢？主要指

那些坚固难攻、对战略全局又非举足轻重的城池。公元617年，李渊（见图8-1）从太原起兵反隋，一路势如破竹，但是在围攻河东（今山西永济）时，遭到隋军守将屈突通的顽强抵抗，屡攻不下。当时，唐军内部有两种主张，一种以李世民为代表，认为我军的主要任务是夺取关中，攻下长安，以号令天下，若长期顿兵坚城，将会错失大好时机，建议绕城而过；一种以裴寂为代表，认为若不攻下河东，绕城而过，将会面临腹背受敌的困境。最终，李渊采纳了李世民的建议，率领主力向关中进军。结果唐军很快攻占了长安，完成了入据关中的战略任务，而屈突通不久也被迫投降了。

8.2 故将通于九变①之地②利者，知用兵矣；将不通于九变之利者，虽知地形，不能得地之利矣。治兵不知九变之术，虽知五利③，不能得人之用④矣。

【注释】

①九变：指各种变化（九：泛指多）。一说指“九地之变”，“九地”见11.1。 ②地：一说疑为衍文。 ③五利：所指不确，一说指“涂有所不由，军有所不击，城有所不攻，地有所不争，君命有所不受”带来的好处；一说指“圮地无舍，衢地交合，绝地无留，围地则谋，死地则战”的好处。 ④得人之用：这里指充分发挥军队的战斗力。

【译文】

所以，将帅如果通晓灵活多变的好处，就是懂得用兵打仗了；将帅如果不通晓灵活多变的好处，即使了解地形，也不能获得地形带来的好处。带兵不知道运用灵活多变的方法，即使知道“五利”，也不能充分发挥军队的战斗力。

8.3 是故智者之虑，必杂①于利害。杂于利，而务②可信（shēn）③也；杂于害，而患可解也。

【注释】

①杂：掺杂，这里有兼顾的意思。

②务：事。

③信：通“伸”，指伸展、发展。

【译文】

所以聪明的人考虑问题，一定会兼顾到利和害两个方面。考虑到有利的方面，事情才能顺利发展；考虑到有害的方面，祸患才能得以消除。

【导读＋图说】

本节认为，作为一个明智的将领，在用兵打仗时，必须从利和害两个方面来充分考虑如何开展军事行动。其中的“杂于利，而务可信也”，指考虑到有利的方面，事情才能顺利发展。这里所说的“杂于利”，多是针对不利的情况而言的。即当面临不利的局势时，要考虑到这种局势所蕴含的有利因素，从而坚定地执行既定的方针。公元 200 年，袁绍出动十多万兵力，准备攻打许昌，曹操派兵与之相拒于官渡（在今河南中牟东北）。许昌是曹操的统治中心，官渡又是许昌的门户，因此，对于曹操来说，官渡是不能不守的。然而，曹操当时的总兵力不过三万，经过与袁军在官渡的长期消耗，曹军感到疲惫不堪，加上缺少军粮，因此，曹操打算放弃官渡，退守许昌。谋士荀彧（yù）则竭力反对放弃官渡，他分析说：现在我军虽精疲力尽，但我们是以数

▲图 8-2　清代朱芝轩绘制的《三国志演义图画》中的“战官渡本初败绩”图，描绘了曹操在官渡之战中获胜的情形

万兵力牵制了对方十多万的兵力，而且时间已达半年，战役正处于存亡胜败的转折关头，此时若一退却，势必给袁绍造成可乘之机，我军将陷于非常不利的局面。曹操权衡利弊后，觉得荀彧的意见有理，便决定坚持下去。果然，此后不久，袁绍的部下许攸投奔曹操，并向曹操建议烧毁袁绍在乌巢的粮草。曹操依计而行，最终在官渡之战中获得大胜。（见图 8-2）

8.4 是故屈诸侯者以害，役[①]诸侯者以业[②]，趋[③]诸侯者以利。

【注释】

①役：役使。
②业：事业；功业。
③趋：归附。一说指奔走。

【译文】

所以要用有害的事情让诸侯屈服，用建立功业来驱使诸侯，用利益让诸侯来归附。

8.5 故用兵之法，无恃[①]其不来，恃吾有以待[②]也；无恃其不攻，恃吾有所不可攻也。

【注释】

①恃：依赖；依靠。
②有以待：指有对付敌人的办法。

【译文】

所以用兵的原则是：不要依赖敌人不来，而要依赖我有对付敌人的手段；不要依赖敌人不进攻，而要依赖我有某种无法攻破的防御力量。

8.6 故将有五危[①]：必死[②]，可杀也；必生[③]，可虏也；忿速[④]，可侮也；廉洁[⑤]，可辱也；爱民[⑥]，可烦也。凡此五者，将之过也，用兵之灾也。覆军杀将，必以五危，不可不察也。

【注释】

①危：这里指带来危险的弱点。
②必死：只知死拼。
③必生：指贪生怕死。 ④忿速：指容易发怒。
⑤廉洁：这里指过于追求廉洁的名声。 ⑥爱民：这里指溺爱民众。

【译文】

所以将帅会有五种将带来危险的弱点：只知死拼，就会被杀死；贪生怕死，就会被俘虏；容易发怒，就会被人戏弄；过于追求廉洁的名声，就会被人侮辱；溺爱民众，就会受到烦扰。上述五种情况，都是将帅的过失，在用兵打仗时会带来灾难。军队覆灭，将帅被杀，一定是这五种会带来危险的弱点造成的，不能不仔细考察分析。

【导读＋图说】

本节论述了为将者必须避免的“五危”即五种容易导致战

▲图 8-3 在冷兵器时代，围城作战乃兵家大忌，故《孙子兵法》中说：“攻城之法为不得已。”李世民采用激将之法，诱使对方出城作战，则对方之优势尽失，从而得以轻易破城。此为敦煌莫高窟中描绘唐代攻城作战场面的壁画

争失败的弱点，包括贪生怕死、溺爱民众、只知一味死拼等。其中的“忿速，可侮也”，指将帅容易发怒，就会被人戏弄。当然，这里的戏弄不是指简单的被人耍笑捉弄，而是整支军队被别人牵着鼻子走，并最终招致失败。公元617年，李渊父子起兵反隋，向关中挺进，第一个战役就是霍邑之战。当时守霍邑（今山西霍县）的是隋将宋老生的三万人马，李渊最担心的是宋老生固守不出。然而，李世民认为，宋老生勇而无谋，可用激怒他的办法逼他出战。于是，李渊率数百骑来到霍邑城东，并命李建成、李世民各率数十骑在城边指手画脚，作出要把城池包围起来的样子，口里还不停地诟骂城中的守军。宋老生看到这一情况，怒不可遏，便率领全部人马出城作战。这时，李渊的大队人马已到达霍邑，便乘势攻向宋老生的侧翼，隋军大败，宋老生也被斩杀。（见图8-3）

本篇首先论述了在山地、江河湖泊、盐碱沼泽之地、平原地带等不同的地域行军作战时必须遵循的一些基本原则。同时指出，行军时不要靠近荆棘丛生、泥泞难行、峭壁夹峙等地势恶劣的地方，在草木茂盛、长满芦苇的地方行军，则要谨防敌人的奸细。接着，本篇详细地列举了战场上可能出现的三十多种状况，要求为将者必须透过现象，抓住本质，正确地分析、判断敌情。本篇的最后，则论述了如何在军队中实施法令的问题。

行军篇第九

9.1 孙子曰：凡处军[1]相敌[2]：绝[3]山依谷，视生[4]处[5]高，战隆[6]无登，此处山之军也。绝[7]水必远水；客[8]绝水而来，勿迎之于水内，令半济[9]而击之，利；欲战者，无附[10]于水而迎客；视生处高，无迎水流[11]，此处水上之军也。绝斥[12]泽[13]，惟亟（jí）去[14]无留；若交军于斥泽之中，必依水草而背众树，此处斥泽之军也。平陆[15]处易[16]而右背高[17]，前死后生[18]，此处平陆之军也。凡此四军之利，黄帝[19]之所以胜四帝[20]也。

【注释】

①处军：安置、部署军队。
②相敌：观察、判断敌情。
③绝：穿过；经过。 ④视生：指向阳的方向（生：这里指阳）。 ⑤处：驻扎。
⑥隆：高地。 ⑦绝：横渡。 ⑧客：指敌军。
⑨济：渡；过河。 ⑩附：接近；靠近。 ⑪迎水流：这里指在江河的下游驻扎（迎：逆）。 ⑫斥：盐碱地。 ⑬泽：沼泽地。
⑭亟去：迅速离开。 ⑮平陆：平原。 ⑯易：平坦。 ⑰右背高：一说指右侧要背靠高地；一说以背靠高地为上（古人以右为上）。 ⑱前死后生：这里指前低后高（古人以低地为死地，高地为生地）。
⑲黄帝：传说中我国中原各族的共同祖先。姓公孙，后

【译文】

孙子说：凡是安置、部署军队和观察、判断敌情时，要注意以下原则：穿越山地时要靠近溪谷，要驻扎在向阳的高地上，不要仰攻占领高地的敌人，这是军队在山地作战的处置原则。横渡江河时，一定要在远离江河的地方驻扎；敌军横渡江河前来时，不要在江河中迎击它，让它渡过一半时再发起攻击，这样才有利；想与敌人交战时，不要靠近江河去迎击它；要驻扎在向阳的高地上，不要在江河的下游驻扎，这是军队在江河上作战的处置原则。通过盐碱地和沼泽地时，一定要迅速离开，不要停留；如果在盐碱地和沼泽地与敌军交战，一定要靠近有水草的地方，并背靠树林，这是军队在盐碱地和沼泽地作战的处置原则。在平原地带驻军，

改姓姬，号轩辕氏、有熊氏。曾先后打败炎帝和蚩尤。 ⑳四帝：黄帝时四方部落的首领。

要选择平坦而背靠高地的地方，前面低而后面高，这是军队在平原地带作战的处置原则。上述四种处置军队的原则的好处，正是黄帝能够战胜四帝的原因。

【导读 + 图说】

本节论述了军队在山地、江河、盐碱沼泽地、平原地带这四种不同的地理环境中作战的一些基本原则。其中在江河中作战的一个重要原则是："客绝水而来，勿迎之于水内，令半济而击之，利"，指敌军横渡江河前来时，不要在江河中迎击它，让它渡过一半时再发起攻击，这样才有利。大量的历史事实证明，"令半济而击之"，确实是一条十分有效的用兵原则。如公元前 506 年，吴楚之战中，吴军乘胜追击楚军，在清发水（今湖北安陆西的涢水）追上楚军，就是乘楚军一半已渡过清发水、一半未渡的时机，再次大败楚军的。另如在楚汉相争时，汉军也是乘楚军一半渡过汜（sì）水（在今河南）时发起进攻，大败楚军的。但是，对"半济而击之"的原则也不能生搬硬套，因为在淝水之战中，东晋军队就是利用前秦苻坚想乘晋军"半济而击之"的心理取得胜利的。公元 383 年，前秦军数十万人列阵于淝水西岸，东晋军八万人列阵于淝水东岸，准备决战。当时，晋军利用苻坚骄傲自大的心理，要求前秦军稍往后退，

▲图 9-1　明代版画《瑞世良英》中的淝水之战图

让出一片空地，以便晋军渡过淝水进行决战。苻坚一想，正好可以利用晋军渡过一半的机会予以歼灭，便答应了晋军的要求，命令大军稍往后退。谁知秦军一退即无法止住，晋军利用秦军的混乱，渡河猛击秦军，秦军崩溃，死者达十之七八。（见图 9-1）

9.2 凡军好高而恶（wù）①下，贵阳而贱阴，养生②而处实③，军无百疾，是谓必胜。丘陵堤防，必处其阳而右背之。此兵之利，地之助也。

【注释】

①恶：讨厌。

②养生：这里指便于生存。

③处实：一说指驻扎在高地上；一说指驻扎在物资丰实之地。

【译文】

大凡军队都喜欢地势高的地方，而讨厌地势低洼的地方；重视阳面而轻视阴面；军队驻扎在生活便利、物资丰富的地方，军人百病不生，这样就必然能取得胜利。在有丘陵堤防的地方，一定要驻扎在它们的阳面，并且背靠着它们。这些都是对用兵作战有利的因素，是地理方面的辅助。

【导读＋图说】

本节论述了军队行军打仗时应该如何选择驻扎之地的问题："凡军好高而恶下，贵阳而贱阴，养生而处实，军无百疾，是谓必胜"，指军队驻扎时，一定要驻扎在地势高的地方，而且一定要在阳面，同时又要考虑到生活便利、物资丰富，这样才能获胜。孙子的论述极为全面，它包括地势要高、要在阳面、物资供应要丰富等方面的因素，若忽略其中的一个方面，便有可能导致失败。公元228年，诸葛亮第一次率蜀军北伐魏国，派参军马谡（sù）、裨将王平等为前锋守街亭（在今甘肃秦安东北）。马谡与王平到达街亭后，两人为应在何处驻扎发生了争执。王平认为应在交通要道上扎营，以阻挡魏军。马谡则坚持在路旁的一座孤山上扎营，并认为扎营于阳高之处，可凭高视下，势如破竹。结果，魏军到来后，

▲图 9-2　清代朱芝轩绘制的《三国志演义图画》中的“马谡拒谏失街亭”图

包围了马谡扎营的孤山，并断绝了蜀军的水道。蜀军饥渴不堪，士气低落，魏军乘势发起进攻，大破蜀军，马谡只率少量人马逃走，街亭失陷。从这则战例中可以看出，马谡认为军队应驻扎在地势高而向阳的地方，这并没有错，但他忽视了生活便利、物资丰富这一因素，最终导致了失败。（见图 9-2）

9.3　上雨，水沫[1]至，欲涉者，待其定也。

【注释】

①沫：河水溅起的水花或水珠。一说当为“流”字之误。

【译文】

上游下雨，激流冲来，想要渡水过去，一定要等水势平稳以后。

9.4　凡地有绝涧[1]、天井[2]、天牢[3]、天罗[4]、天陷[5]、天隙[6]，必亟（jí）去[7]之，勿近也。吾远之，敌近之；吾迎之，敌背之。

【注释】

①绝涧：两侧为陡峭山崖的溪涧。

②天井：四周有高峻的山环绕的地形。　③天牢：地势险峻、进

【译文】

凡是遇到“绝涧”、“天井”、“天牢”、“天罗”、

去后找不到出路的地方。④天罗：林木茂密、荆棘丛生、难以通行的地方。⑤天陷：地势低洼、遍地泥泞、容易深陷的地方。⑥天隙：两侧为陡壁、仅能看见一线天空的山谷。⑦亟去：迅速离开。

"天陷"、"天隙"之类的地形，一定要赶快离开，不要靠近它们。我远离这些地形，让敌人靠近它们；我迎面对着这些地形，让敌人背靠着它们。

9.5 军行有险阻、潢（huáng）井[1]葭（jiā）苇[2]、山林翳（yì）荟[3]者，必谨复索[4]之，此伏奸之所处也。

【注释】

①潢井：低洼之地。②葭苇：芦苇（葭：初生的芦苇）。③翳荟：草木茂盛的样子。④索：搜索。

【译文】

军队在险恶而又有阻碍的道路上、芦苇丛生的低洼地带、草木茂盛的山林中行进时，一定要谨慎地反复搜索，因为这些都是容易埋伏奸细的地方。

9.6 敌近而静者，恃其险也；远而挑战者，欲人之进也；其所居易[1]者，利也。

众树动者，来也；众草多障[2]者，疑也；鸟起者，伏也；兽骇者，覆[3]也。尘高而锐[4]者，车来也；卑[5]而广者，徒[6]来也；散而条达[7]者，樵采[8]也；少而往来者，营军[9]也。

辞卑而益备[10]者，进也；辞强而进驱者，退也；轻车先出居其侧者，陈（zhèn）[11]也；无约而请和者，谋也；奔走而陈兵车者，期[12]也；半进半退者，诱也。

杖[13]而立者，饥也；汲[14]而先饮者，渴也；见利而不进者，劳也。鸟集者，虚也；夜呼者，恐也；军扰者，将不重[15]也；旌旗动者，乱也；吏怒者，倦[16]也；粟马肉食[17]，军无悬缶（fǒu）[18]，不返其舍者，穷寇也；谆谆[19]翕（xī）翕[20]，徐与人言者，失众也；数[21]赏者，窘也；数罚者，困也；先暴而后畏其众者，不精[22]之至也；来委谢[23]者，欲休息[24]也。兵怒[25]而相迎，久而不合[26]，又不相去，必谨察之。

【注释】

①易：平坦。

②障：障蔽物。

③覆：掩袭。

④锐：尖。

⑤卑：低。

⑥徒：步兵。

⑦条达：断断续续的样子。一说指细长。

⑧樵采：打柴。

⑨营军：安营扎寨。

⑩益备：加强战备。

⑪陈：同“阵”，指布阵。

⑫期：期望。这里指希望决战。

⑬杖：拄杖，这里指拄着兵器。

⑭汲：从低处打水。

⑮不重：缺乏威望。

⑯倦：厌倦。

⑰粟马肉食：用粮食喂马，把牲

【译文】

敌人离我很近但仍然保持安静，是依仗他们占据着险要的地形；敌人离我很远却向我发起挑战，是想引诱我前进；敌人驻扎在平坦的地方，一定是想利用它达到某种目的。

许多树木一齐晃动，是敌人正偷偷前来；大片草丛中设下许多障蔽物，是想使我迷惑；鸟儿突然从树林中飞起，是下面有伏兵；兽类突然受惊奔跑，是敌人准备向我发动掩袭。尘土扬得高而尖，是敌人的战车正在驶来；尘土扬得低而面积大，是敌人的步兵正在开来；尘土散乱而断续，是敌人正在打柴；尘土少而反复起落，是敌人正在安营扎寨。

敌方使者言辞谦卑而军队又在加强战备，是准备发动进攻；敌方使者言辞强硬而军队又摆出向前逼进的姿态，是准备退却；敌人的战车先出并居于队伍的侧翼，是准备布阵作战；敌人事先没有约定而前来议和，肯定是另有图谋；敌人来回奔走并出动兵车，是希望与我决战；敌人半进半退，是想引诱我上当。

敌人拄着兵器站立，是因为饥饿；把水打上来后自己先喝，说明敌人干渴；见到利益而不上前争抢，说明敌人已疲惫不堪。敌人的营寨上有群鸟停息，说明营中无人；敌营中夜间有人惊呼，是因为恐惧；

口杀了吃肉。

⑱缶：用来盛酒或汲水的瓦器，这里指炊事用具。

⑲谆谆：教诲不倦的样子。

⑳翕翕：聚合的样子。

㉑数：多次；屡次。

㉒精：精明。

㉓委谢：言语委婉地表示谢罪。

㉔休息：休战。

㉕怒：气势旺盛。

㉖合：交战。

敌人军中发生扰乱，说明他们的将领缺乏威望；敌人的旌旗乱动，说明队伍混乱；敌人军中的官吏容易发怒，说明他们已经对战争感到厌倦；敌人用粮食喂马，把牲口杀了吃肉，把炊事用具收拾起来，军队不再返回军营，说明敌人已陷于绝境；把部下聚合起来，不停地解释，口气和缓地与他们说话，说明敌将已失去了人心；不停地进行奖赏，说明敌军处境窘迫；屡屡惩罚下属，说明敌军处境困难；先对部下粗暴后来又害怕自己的部下，说明敌军的将帅不精明之极；敌人派使者言语委婉地前来谢罪，表示他们想休战。敌军气势旺盛地前来，却久不与我交战，且又不撤离，对此一定要谨慎地观察分析。

【导读】

在本节中，孙子极其详尽地论述了在战场上判断敌情的具体方法。他认为，战场上发生的风吹草动及敌人的一举一动都会反映某种敌情，为将者一定要透过现象，抓住本质，切莫为表面现象所迷惑。其中的“鸟起者，伏也”，指鸟儿突然从树林中飞起，说明树下有伏兵。它提醒人们打伏时要注意观察周边环境，根据种种迹象来判断敌情。虽然鸟儿突然飞起并不意味着树下肯定有伏兵，但若树下有伏兵，则通常会带来鸟儿突然飞起这样的情况出现。然而，有意思的是，汉高祖刘邦却曾借助人们的这一常识死里逃生。据《风俗通》记载：楚汉战争时，一次，刘邦被项羽打得大败，跑到一个树丛中躲了起来。树上有一只斑鸠，正在那里鸣叫，它看到刘邦躲在树下，却既不飞走，也不停止鸣叫。搜寻刘邦的人马到了树丛旁边，看到斑鸠正在自在地鸣叫，便判断树丛中肯定没有人，刘邦因此躲过一劫。刘邦统一天下后，为了感谢斑鸠的救命之恩，便制作了一种杖头饰有鸠形的拐杖，名叫鸠杖，专门赐给上了年纪的人。

其中的"辞强而进驱者，退也"，是指敌方的使者言辞强硬而军队又摆出向前逼进的姿态，说明敌人准备退却。孙子在这里强调的仍是要透过现象抓住本质，即敌人表现出十分强硬的样子，正是为了掩饰自己的虚弱。在历史上确实有不少这样的例子。如公元前 615 年，秦国攻打晋国，晋国以赵盾为中军元帅，采取固守疲敌的方针，使秦军不能得逞。秦军因久而无功，准备撤退。退前，秦军派出使者来约晋军于第二天开战，而秦军却在当天晚上悄无声息地撤退了。另如春秋时期，吴王夫差远征北方，与晋定公在黄池（在今河南封丘西南）会盟，争做盟主。这时，夫差得到了越国攻入吴国的消息，便急于率兵回救，但同时又担心晋军会借机对自己发难，于是就在当天晚上调动军队，对晋军进行威胁，并对晋国的使者发出措辞严厉的警告。晋定公见状，只好让夫差主持会盟。夫差主持完会盟后，便率军匆忙回国了。但是，上述原则并不是绝对的，因为在大多数情况下，敌人"辞强而进驱"，是试图震慑对方，以最小的代价获取最大的利益，并不是为了退却。

9.7 兵非益多①也，惟无武进②，足以并力③、料敌、取人④而已。夫惟无虑而易敌⑤者，必擒于人。

【注释】

①益多：以多为益，即越多越好。 ②武进：恃武轻进。 ③并力：集中兵力。 ④取人：战胜敌人。一说指选拔人才。 ⑤易敌：轻敌。

【译文】

兵力并不是越多越好，只要不轻敌冒进，能够集中兵力、判明敌情、战胜敌人就行了。那种缺乏周密的考虑而又轻敌的人，一定会成为敌人的俘虏。

【导读】

本节强调为将者一定要在战前周密地分析敌情，切莫轻敌冒进，否则，“夫惟无虑而易敌者，必擒于人”，指那种缺乏周密的考虑而又轻敌的人，一定会成为敌人的俘虏。战争是生死的较量，把生死当儿戏，结果当然可想而知。公元964年，宋太祖赵匡胤经过周密的准备和部署，向偏安西南的后蜀政权发起进攻。后蜀主孟昶(chǎng)以王昭远为主将，率师抵抗。王昭远是后蜀的知枢密院事，狂妄自大，自比诸葛亮，他想出了一个不切实际的联络北汉夹击宋军的计策，宣称：“吾此行何止克敌，当领此二三万雕面恶少儿，取中原如反掌耳。”结果，王昭远率领的军队连战皆北，只好退保剑门(今四川剑阁县北)，试图凭剑门关之险固守。而此时的王昭远，也早已失去了初时的万丈雄心，他除了捶胸顿足，痛哭流涕，别无良策。第二年，宋军攻克剑门，王昭远被俘。后蜀主孟昶见大势已去，只好投降。

9.8 卒未亲附①而罚之，则不服，不服则难用也；卒已亲附而罚不行，则不可用也。故令②之以文③，齐④之以武⑤，是谓必取⑥。令素行⑦以教其民⑧，则民服；令不素行以教其民，则民不服。令素行者，与众相得⑨也。

【注释】

①亲附：亲近依附。
②令：教育。
③文：指道德礼仪。
④齐：使整齐。
⑤武：指法令、惩罚。
⑥必取：一定能取胜。
⑦素行：平时严格执行。
⑧民：这里指士卒。
⑨相得：相投合，指相处融洽。

【译文】

在士卒还没有亲近依附时就惩罚他们，他们不会心服，这样就很难使用他们；士卒已经亲近依附了仍不依法实施惩罚，那就无法用他们去打仗。所以用道德礼仪来教育士卒，用法令惩罚来使队伍整齐一致，这样就一定能打胜仗。平时就严格执行法令来教育士卒，士卒就会服从；平时不严格执行法令来教育士卒，士卒就不会服从。之所以平时能严格执行法令，是因为将帅与士卒们相处融洽。

【导读+图说】

本节论述了在军中实施法令的具体方法。孙子认为，用法令惩罚违纪的士卒，要视具体情况而定，只有当将帅得到士卒的衷心拥护时，才能保证法令的有效执行，从而确保军事行动的顺利进行。因此，孙子说："令之以文，齐之以武，是谓必取"，指用道德礼仪来教育士兵，用法令惩罚来使队伍整齐一致，这样就一定能打胜仗。这里强调的是严明的纪律对于军队取得战争胜利的重要性。公元前531年，晋军和燕军不断进攻齐国，齐国因为缺乏良将，军队屡战屡败，丧失了不少国土。这时，齐相晏婴向齐景公推荐了一个名叫田穰苴(rángjū)的人为将。田穰苴在接受任命时，要求齐景公派一位自己的宠臣担任监军，齐景公便派庄贾为监军。田穰苴与庄贾约定于第二天日中时在军营门前会合。第二天，田穰苴一直在军营门前等待庄贾。但庄贾因为骄慢惯了，加上亲戚朋友都为他饯行，因此，等他到达军营时，早已过了日中之时。田穰苴就问身边的执法官：依据军法，对此应如何处置？执法官说：应当斩首。田穰苴便不管庄贾的哀求，斩了庄贾。将士们听说田穰苴连齐景公的宠臣都敢杀，一个个恐惧震惊，谁都不敢违犯军纪。之后，田穰苴又大施恩义，把自己的俸禄全部分给士卒，并与士卒同甘共苦。三天后，大军开拔时，连有伤病的将士都争相奔赴前线。晋军和燕军听说后，不敢与田穰苴争锋，急忙率军撤退。就这样，田穰苴依靠严明的纪律和旺盛的士气，兵不血刃，就收复了全部失地。(见图9-3)

▲图9-3　清代马骀(tái)绘制的《历代名将画谱》中的《穰苴斩监》图

本篇着重论述了地形在战争中的重要性，指出："地形者，兵之助也"，即地形是军事行动的重要辅助，要求将帅在战前一定要详细地了解和分析地形；同时，对"谋攻篇"中提出的"知彼知己，百战不殆"的思想作了重要补充，指出为将者不光要知彼知己，还要知地形是否适合作战。为此，本篇专门总结出了通、挂、支、隘、险、远六种地形，指出了在这些地形中作战的具体原则。此外，本篇还论述了因将帅指挥不当造成的六种失败的情形，并指出为将者要根据战争的规律决定是否采取军事行动，而不是盲目地听从君主的命令。

地形篇第十

10.1 孙子曰：地形有通者，有挂者，有支者，有隘者，有险者，有远者。我可以往，彼可以来，曰通；通形者，先居高阳，利粮道，以战则利。可以往，难以返，曰挂；挂形者，敌无备，出而胜之；敌若有备，出而不胜，难以返，不利。我出而不利，彼出而不利，曰支；支形者，敌虽利我①，我无出也；引②而去之，令敌半出而击之，利。隘形③者，我先居之，必盈④之以待敌；若敌先居之，盈而勿从，不盈而从之。险形⑤者，我先居之，必居高阳以待敌；若敌先居之，引而去之，勿从也。远形⑥者，势均，难以挑战，战而不利。凡此六者，地之道⑦也，将之至任⑧，不可不察也。

【注释】

①利我：用利益引诱我。

②引：带领军队。

③隘形：两山之间通道狭窄的地形。

④盈：满，这里指用兵力封锁隘口。

⑤险形：险要的地形。

⑥远形：指敌我双方距离较远。

⑦地之道：根据地形灵活运用的准则。

⑧至任：最重大的责任。

【译文】

孙子说：地形有“通”、“挂”、“支”、“隘”、“险”、“远”六种。我可以去，敌人也可以来，这种地形叫做“通”；在“通形”的地方，先要占据高而向阳的地方，并保持粮道畅通，这样对于作战就会有利。可以去，但是难以返回，这种地形叫做“挂”；在“挂形”的地方，如果敌人没有防备，就可以出击它并获得胜利；如果敌人有防备，出击它没有取胜，我军难以返回，这就很不利。我军出击时不利，敌军出击时也不利，这种地形叫做“支”；在“支形”的地方，敌人即使用利益引诱我，我也不要出击；应该带领军队离开，等追我的敌军出动一半时攻击它，这样做有利。在“隘形”的地方，如果我先占据，一定要先用兵力封锁隘口以等待敌人到来；如果敌人先占据，这时，若敌人封锁了隘口，就不要进击，若敌人没有封锁隘口，就可以进击。在“险形”的地方，如果我先占据，一定要把军队部署在高而向阳的地方以等待敌人的到来；如果敌人先占据，就要带领队伍离开，不要去进攻。在“远形”的地方，敌我双方势均力敌，很难前去挑战，若去挑战，肯定不利。上述六种，是根据地形灵活运用的准则，是将帅最重大的责任，不能不仔细考察分析。

10.2 故兵有走者，有弛者，有陷者，有崩者，有乱者，有北者。凡此六者，非天之灾，将之过也。夫势均，以一击十，曰走；卒强吏弱，曰弛；吏强卒弱，曰陷；大吏①怒而不服，遇敌怼（duì）②而自战，将不知其能，曰崩；将弱不严，教道③不明，吏卒无常④，陈兵⑤纵横⑥，曰乱；将不能料敌，以少合⑦众，以弱击强，兵无选锋⑧，曰北。凡此六者，败之道也，将之至任，不可不察也。

【注释】

①大吏：小将；低级将吏。

②怼：怨恨。

③教道：一说指训练、教育；一说指教育的方法。

④无常：没有常规，变化不定。

⑤陈兵：部署军队。

⑥纵横：这里指杂乱。

【译文】

所以军队失败有“走”、“弛”、“陷”、“崩”、“乱”、“北”六种情形。这六种情形，不是天造成的灾祸，而是将帅的过错造成的。在双方势均力敌的情况下，却用部分兵力去攻击十倍于我的敌人，从而导致失败的，叫做“走”；士卒强悍，将吏懦弱，从而导致失败的，叫做“弛”；将吏强悍，士卒懦弱，从而导致失败的，叫做“陷”；下级将吏愤怒而不服从指挥，遇到敌人时因心怀怨恨而擅自出战，将帅又不知道他的能力，从而导致失败的，叫做“崩”；将帅懦弱，治军不严，没有明确的教育士兵的方法，官兵的行为没有一定之规，部署军队时杂乱无章，从而导致失败的，叫做“乱”；将帅不能预料敌情，用人数少的军队去与人数多的军队交战，用弱小的军队去攻击强大的军队，又不选拔勇猛的士兵组成前锋，从而导致失败的，叫做“北”。以上六种情形，必然会导致失败，避免这六种情形，是将帅最重大的责任，不能不仔细考察分析。

⑦合：交战。
⑧选锋：选拔勇猛的士兵组成前锋。

【导读 + 图说】

本节详细论述了因将帅治军不严或指挥不当而导致军队在战争中失败的六种情形：“走”、“弛”、“陷”、“崩”、“乱”和“北”。其中的“北”，指“将不能料敌，以少合众，以弱击强，兵无选锋”而造成的失败，即将帅不能预料敌情，用人数少的军队去与人数多的军队交战，用弱小的军队去攻击强大的军队，又不选拔勇猛的士兵组成前锋，从而导致失败的，叫“北”。这里有两点值得我们注意：一是将帅之所以会以少击众，往往是因为不明敌情，不能料敌；二是若不得不以少击众，也要有充分的准备，如激励将士置之死地而后生、选拔勇猛的士兵组成前锋，等等，否则，就会必败无疑。1644 年，李自成率领大顺军攻占北京（见图 10-1），

▼图 10-1　民间绘画《李自成称王》

明山海关守将吴三桂决定归顺李自成。但因为大顺军进入北京城后，不少将领沉溺于享乐，加上采取了一些极端的做法，吴三桂降而复叛，并与清兵相约，要求联手进攻北京。李自成得知吴三桂反叛的消息后，亲率六万精兵前往讨伐。大顺军与吴军在山海关西的石河地区相遇后，经过半日激战，吴军退入山海关。第二天，大顺军与吴军再次战于石河地区，正当吴军渐感不支的时候，十万清军突然加入战阵，大顺军寡不敌众，全线溃退。不久，李自成被迫放弃北京，退守关中，农民起义也因此由胜利走向失败。大顺军之所以会在山海关之战中失败，与李自成“不能料敌”有极大的关系。因为大顺军之所以能顺利攻入北京，与清军连年与明军作战，并予明军以巨大杀伤有极大的关系。因此，李自成率兵北击吴三桂，就必须考虑到清军随时向他发起进攻的可能性。然而，李自成却没有这方面的准备，从而使大顺军在山海关之战中因陷于“以少合众，以弱击强”的被动局面而失败。

10.3 夫地形者，兵之助也。料敌制胜，计险厄①远近，上将②之道也。知此而用战者必胜，不知此而用战者必败。

【注释】

①险厄：地势险阻之处（厄：险要的地方）。

②上将：这里指主将、将帅。

【译文】

地形是用兵打仗的辅助条件。预料敌情，定下克敌制胜的方案，了解地势的险阻之处，计算路程的远近，这是军队主帅必须掌握的步骤和原则。懂得这些并用于指挥作战的一定能取胜，不懂得这些而去指挥作战的肯定会失败。

【导读＋图说】

本节指出，作为军队的将领，一定要重视地形在战争中的作用，因为，“夫地形者，兵之助也”，即地形能对用兵打仗起到辅助作用。孙子对地形的重要性有充分的认识，这一点，从他对“九地”的区分和论述中就可以反映出来。事实上，地形对于战争的胜负不仅能起到辅助作用，有时候甚至能起到决定性的作用。因此，历代军事家对如何利用地形均十分重视。宋金对峙时，金国为了灭亡南宋，企图由陕入川，形成对南宋的包围，而仙人关（在今甘肃徽县东南嘉陵江畔）则是金兵由陕入川的必经之路。宋将吴玠（jiè）对仙人关的战略地位高度重视，因此事先围绕仙人关修筑了大量防御工事，如在关外开挖沟渠，以阻止金军骑兵的快速运动；在关侧预筑堡垒，并名之为“杀金坪”；等等。1134年，金将完颜宗弼率十万大军进攻仙人关，当时仙人关的守军仅万余人。然而，宋军凭借地形上的优势，在吴玠的率领下，英勇抗击，终于大败金军，使金军的企图未能得逞。（见图 10-2）

▲图 10-2　描绘金将完颜宗弼向宋军城池发起攻击情形的清代绘画

10.4　故战道[1]必胜，主[2]曰无战，必战可也；战道不胜，主曰必战，无战可也。故进不求名，退不避罪，唯人是保[3]，而利合[4]于主，国之宝也。

【注释】

①战道：战争的规律。

②主：国君；

【译文】

所以如果根据战争的规律一定能取胜，即使国君说不要打，也应该坚持去打；如果根据战争的规律不能取胜，

君主。

③保：保全。

④合：符合。

即使国君说一定要打，也应该不去打。所以进不追求名誉，退不回避罪责，只求保全百姓和士卒的生命，并符合国君的利益，这样的将帅，才是国家的宝贵财富。

【导读 + 图说】

本节着重论述了将帅应该如何正确处理君主命令与战争规律之间关系的问题，认为应该以战争的规律为最高原则，当君主的命令违背战争的规律时，将帅就不应该再听从君主的命令。其中的“故战道必胜，主曰无战，必战可也”，指如果根据战争的规律一定能取胜，那么即使国君说不要打，也应该坚持去打。孙子所说的这一原则无疑是极其正确的，但在专制社会“君要臣死，臣不得不死”及以忠臣为尚的环境中，要做到这一点又是极其困难的。1140 年，岳家军取得郾（yǎn）城和颍（yǐng）昌大捷后，抗金形势一派大好，金帅完颜宗弼发出了“撼山易，撼岳家军难”的哀叹，当时黄河以北的抗金队伍已发展到四十万人以上，老百姓热切地盼望岳家军尽快渡河北上。然而，就是在这种形势下，宋高宗仍采取投降政策，用十二道金牌令岳飞班师。面对这一困局，岳飞未敢如孙子所说的“故战道必胜，

▲图 10-3　绘于民国时期的《岳母刺字》图，岳母在岳飞背上刺字，内容为“精忠报国”，这里的“国”，实际上是封建皇帝的代名词

主曰无战，必战可也”，而是遵循“精忠报国”之母训（见图 10-3），怀着满腔悲愤，下令班师。这是岳飞的悲剧，也是中华民族的一个悲剧。这一悲剧告诉我们，战争虽有其特殊的规律，但战争绝不是一种孤立的现象，制约战争胜负的因素是多方面的，所以孙子才会在“计篇”中说：“主孰有道？将孰有能？天地孰得？法令孰行？兵众孰强？士卒孰练？赏罚孰明？吾以此知胜负矣。”在此需要说明的是，对于原文中的“必战可也”四个字，通常均理解为“也可以坚持去打”，把“可”字理解为“可以”，我认为这种理解并不确切，这里的“可”应理解为“适宜”或“应该”，“必战可也”指“应该坚持去打”。因为从下文对将帅“进不求名，退不避罪，唯人是保”的要求来看，当战场形势适合作战并一定能取胜时，将帅就应该坚决地去打，而不是“也可以坚持去打”。

10.5 视卒如婴儿，故可与之赴深谿（xī）①；视卒如爱子，故可与之俱死。厚②而不能使，爱而不能令③，乱而不能治，譬若骄子④，不可用也。

【注释】

①谿：山间的河沟；溪流。

②厚：指厚待。

③令：命令；指挥。

④骄子：受宠爱的儿子，这里指被溺爱坏了的儿子。

【译文】

把士卒当成婴儿一样去呵护，所以可以与他们一起赴汤蹈火；把士卒当成自己的爱子一样看待，所以可以与他们一起去赴死。厚待他们却不能使用，爱护他们却不能使他们听从指挥，违反纪律却不能惩治，就像骄子一样，这样的士卒是不能用来打仗的。

【导读＋图说】

本节论述了如何正确处理将帅与士卒间关系的问题。孙子认为，作为将帅，既要爱兵如子，但也不能过分溺爱，若把士卒都宠成了骄子，则将使队伍失去战斗力。其中的“视卒如婴儿，故可与之赴深谿；视卒如爱子，故可与之俱死”，指把士卒当成婴儿一样

▲图 10-4 《清刻列代画像传》中的吴起像，描绘了吴起正在为士兵吸脓的情形

去呵护，他们就会与你一起赴汤蹈火；把士卒当成自己的爱子一样看待，他们就会与你一起去赴死。这里强调的是将帅一定要关心爱护自己的士卒，这样他们才会听从你的指挥，去冲锋陷阵。吴起是战国时魏国的大将，他深知爱护士卒的重要性。据《史记》记载，吴起在行军打仗时，既不在席子上睡觉，也不骑马，而是与士兵一起步行，还亲自背军粮。有一次，有个士兵生了个脓疮，吴起就用嘴为这个士兵吸脓。（见图 10-4）这个士兵的母亲听说这件事后，痛哭不已。旁边的人对此感到奇怪，她解释说，我儿子的父亲也曾生过脓疮，也是吴起为他吸脓，结果他在战场上奋勇直前，最后被敌人杀死。现在我的儿子又碰上了这种情况，我估计他也活不长了，所以才会痛哭。吴起是战国时的名将，他之所以能在战场上屡战屡胜，与他爱护士兵、士兵愿意为他拼死作战有十分密切的关系。

10. 6 知吾卒之可以击，而不知敌之不可击，胜之半也；知敌之可击，而不知吾卒之不可以击，胜之半也；知敌之可击，知吾卒之可以击，而不知地形之不可以战，胜之半也。故知兵者，动而不迷①，举②而不穷。故曰：知彼知己，胜乃不殆（dài）③；知天知地，胜乃不穷④。

【注释】

①迷：迷惑。

②举：举措；措施。

③殆：危险。

④不穷：《武经七书》作“可全”。

【译文】

知道我的部队可以发起攻击，而不知道敌人不可以攻击，取胜只有一半的可能性；知道敌人可以攻击，而不知道我的部队不能攻击，取胜只有一半的可能性；知道敌人可以攻击，也知道我的部队可以发起攻击，但不知道地形不适合作战，取胜只有一半的可能性。所以懂得用兵打仗的人，行动时不会迷惑，采取的措施层出不穷。所以说：了解敌人，也了解自己，取胜毫无风险；懂得天时，懂得地利，胜利不可穷尽。

【导读＋图说】

本节的核心思想即在于末尾的几句话：“知彼知己，胜乃不殆；知天知地，胜乃不穷”，它在3.7中的“知彼知己，百战不殆”的基础上增加了“知天知地”的内容，强调了天时地利对于取得战争胜利的重要性，这无疑使孙子的思想显得更加完整和全面。因为战争必须在某个空间中展开，而此空间中的气候和地形条件势必会对战争的胜负带来很大的影响。因此，历代良将在筹划战争时，不仅会考虑到敌我的具体情况，还会考虑到天地的因素。1682年，康熙帝任命施琅（见图10-5）为福建水师提督，率领清军攻打台湾。施琅接受这一任务后，便开始了周密的部署。首先，他派人摸清台湾守军的底细，发现台湾自郑成功去世后，领导成员之间分歧较多，军队战斗力下降，而且总兵力不过两万余人。因此，他精选了训练有素的两万多名清兵，作为攻打台湾的主力。其次，施琅选择六月为攻打台湾的时间，因为此时刮的是南

▲图10-5　施琅原为郑成功的部下，后降清。他力主收复台湾，被任命为福建水师提督，率师攻台。此为施琅石雕像

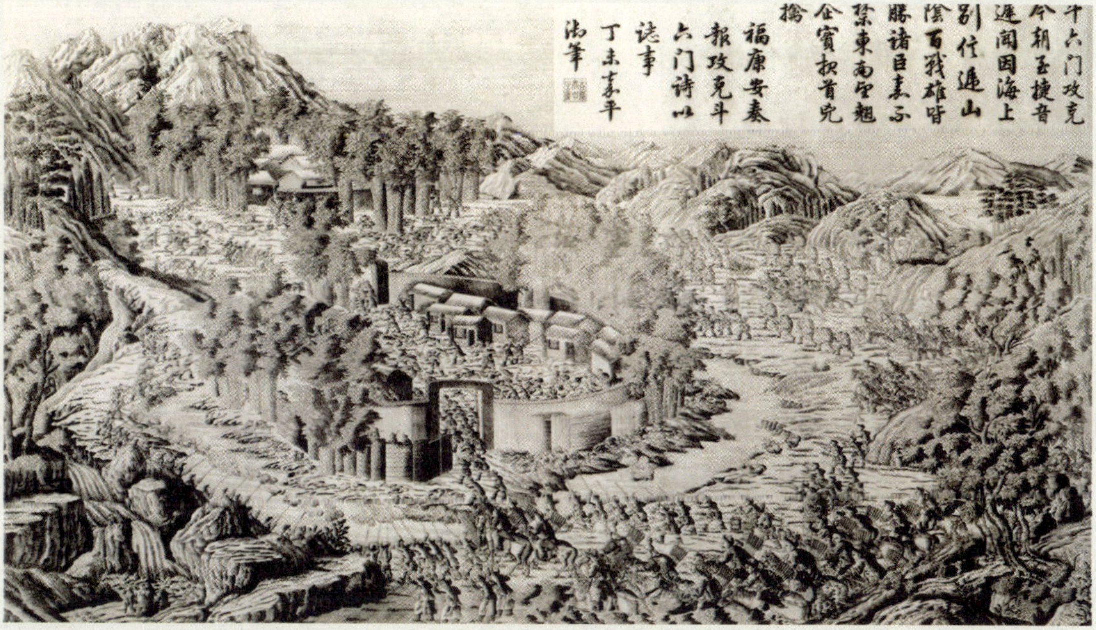

▲图 10-6　清代绘画《平定台湾战图》，描绘了施琅率军攻下台湾的情形

风，且风轻浪平，有利于在海面上集中船只，寻机消灭敌人。最后，在进攻路线上，他一反由厦门出发的惯例，改由铜山出发，再转而进攻澎湖。这样既可利用南风，又可出敌不意。1683 年 6 月，施琅按原定计划向台湾发起进攻，在澎湖附近消灭了郑军主力，迫使郑氏政权最终归顺了中央政府。因此，正是施琅在战前有周密的准备，不光知己知彼，而且知天知地，才使他顺利地完成了统一祖国的大业。（见图 10-6）

本篇是《孙子兵法》十三篇中篇幅最长的一篇，字数接近全书的五分之一。“九地”指散地、轻地、争地、重地、死地等九种不同的作战地域。本篇主要论述了“九地”的特点及在不同地域作战时应采取的正确方法，如“散地无战”、“争地无攻”、“重地则掠”、“死地则战”等，并在此基础上，着重论述了“为客之道”即深入敌境作战的基本原则，提出了“投之亡地然后存，陷之死地然后生”的著名思想。此外，本篇还提出了一系列治军用兵的原则，如兵贵神速：“兵之情主速，乘人之不及，由不虞之道，攻其所不戒也”；如要使整支军队成为首尾相应的一个整体：“善用兵者，譬如率然，击其首则尾至，击其尾则首至，击其中则首尾俱至”；如不能泄露战略意图：“愚士卒之耳目，使之无知”，“若驱群羊，驱而往，驱而来，莫知所之”；等等。

九地篇第十一

11.1 孙子曰：用兵之法，有散地，有轻地，有争地，有交地，有衢地，有重地，有圮（pǐ）地，有围地，有死地。诸侯自战其地，为散地；入人之地而不深者，为轻地；我得则利，彼得亦利者，为争地；我可以往，彼可以来者，为交地；诸侯之地三属（zhǔ）①，先至而得天下之众者，为衢地；入人之地深，背②城邑多者，为重地；行山林、险阻③、沮（jù）泽④，凡难行之道者，为圮地；所由入者隘，所从归者迂⑤，彼寡可以击吾之众者，为围地；疾战⑥则存，不疾战则亡者，为死地。是故散地则无战⑦，轻地则无止，争地则无攻⑧，交地则无绝⑨，衢地则合交⑩，重地则掠⑪，圮地则行，围地则谋，死地则战。

【注释】

①三属：指多国交界的地方（三：指多。属：连接）。

②背：背后。

③险阻：见7.3注②。

④沮泽：见7.3注③。

⑤迂：迂回曲折。

⑥疾战：奋力作战。

⑦无战：不宜作战。

⑧无攻：指在敌人先占领的情况下不

【译文】

孙子说：根据用兵打仗的原则，作战的地域可以分为“散地”、“轻地”、“争地”、“交地”、“衢地”、“重地”、“圮地”、“围地”、“死地”九种。诸侯在自己的土地上与敌人作战，这样的地域叫“散地”；进入敌人的土地，但是进入得不深，这样的地域叫“轻地”；我占领了就对我有利，敌人占领了也对敌人有利，这样的地域叫“争地”；我可以去，敌人也可以来，这样的地域叫“交地”；与多个诸侯国的土地交界，先到达就可以得到其他国家的支持，这样的地域叫“衢地”；进入敌人的土地很深，背后有许多敌人的城邑，这样的地域叫“重地”；在山林、险恶而有阻碍的道路、水草丛生的沼泽中行军，凡是难以行走的地域，叫“圮地”；进入的地方很狭窄，退出的道路迂回曲折，敌人用很少的兵力就可以有效攻击我众多的兵力，这样的地域叫“围地”；奋力作战就能生存，不奋力作战就会灭

要进攻。

⑨无绝:指不要断绝相互间的联络。

⑩合交:指结交诸侯。

⑪掠:指掠取物资。

亡,这样的地域叫"死地"。所以在"散地"上不宜作战;在"轻地"上不要停留;在"争地"上,如果敌人率先占领,就不要去进攻;在"交地"上不要失去相互间的联络;在"衢地"上要结交诸侯;在"重地"上要掠取物资;遇到"圮地"要快速通过;在"围地"上要运用谋略;在"死地"上就要奋勇作战。

▲图 11-1 据《旧唐书》等记载,公元 620 年,秦王李世民大破敌人,有军人利用军中旧曲填唱新词,欢庆胜利,称为《秦王破阵乐》。此为描绘《秦王破阵乐》演奏情形的唐代绘画

【导读+图说】

本节集中论述了散地、轻地、争地、交地等九种地形及在这九种地形中作战的具体原则,反映了孙子对战争规律研究之具体和深入。其中的"我得则利,彼得亦利者,为争地",是指我得到就对我有利,敌人得到就对敌人有利,这样的地域就叫做争地。所谓争地,也就是兵家必争之地。争地通常地势险要,易守难攻,又属交通要道,故在战争中,素为兵家所重视。公元 620 年,李世民率大军包围洛阳,洛阳守将王世充向窦建德求援。第二年,窦建德率十多万大军前来救援。为了防止窦建德军靠近洛阳,李世民率三千人马占据了地势险要的虎牢关(今河南荥阳汜水镇西),从而使窦建德军进退两难:进则无法攻破虎牢关,退则无法有效救援王世充。李世

民则乘窦建德军劳师无功、士气低落的机会，最终予以全歼。（见图 11-1）

11.2 所谓古之善用兵者，能使敌人前后不相及①，众寡②不相恃③，贵贱④不相救，上下⑤不相收⑥，卒离而不集，兵合而不齐。合于利而动，不合于利而止。敢问："敌众整⑦而将来，待之若何？"曰："先夺其所爱，则听矣。"兵之情⑧主速，乘人之不及，由不虞⑨之道，攻其所不戒⑩也。

【注释】

①及：顾及；照应。

②众寡：指大部队和小部队。

③恃：依赖；依靠。

④贵贱：指将官和士兵。

⑤上下：指上级和下级。

⑥收：收拾。一说指收拢、聚集。

⑦众整：人数众多而又整齐。

⑧情：情理。

⑨不虞：意想不到。

⑩戒：防备。

【译文】

所谓古代善于用兵打仗的人，能使敌人的队伍前后无法照应，大部队和小部队之间不能互相依靠，将官和士兵之间不能互相救应，上级和下级之间不能协调配合，士卒分散而无法集合，集合起来的队伍也不整齐。符合我的利益就行动，不符合我的利益就停下来。试问："如果敌人人数众多而又整齐地前来进攻，将如何对付它？"回答是："先夺取敌人舍不得放弃的地方，它就会听我摆布了。"用兵贵在迅速，要乘敌人来不及准备的时候，从敌人意想不到的道路，去攻击它没有防备的地方。

【导读＋图说】

本节指出，古代善于用兵打仗的将帅，常常能牵着敌人的鼻子走，使敌军陷于混乱甚至崩溃的状态。而这些将帅之所以能在用兵上达到这种境界，是因为他们总是以于我有利为最高原则，能出其不意地打击敌人。其中的"由不虞之道，攻其所不戒也"，指

▲图 11-2　清代朱芝轩绘制的《三国志演义图画》中的“邓士载偷渡阴平”图

从敌人意想不到的道路，去攻击敌人没有防备的地方。这也是出奇制胜的方法之一。公元 263 年，魏国的大将军司马昭下令全面向蜀汉进攻。蜀将姜维在剑阁（在今四川剑阁县东北）凭险固守，使十余万魏军陷于进退维谷的境地，魏军主将钟会准备退兵。这时，魏将邓艾（字士载）向钟会建议，在贵州、四川间的阴平到江油（在今四川江油县东）之间有一条小道，因道路险峻，无蜀军防守，魏军由此道路进军，可使蜀军措手不及。钟会接受了邓艾的建议，于是，邓艾率领一万精锐，从阴平轻装出发，在荒无人烟的山地上遇水搭桥，凿山开路，直奔江油，江油守将不战而降。邓艾乘机长驱直入，占领绵竹。在成都的蜀汉帝刘禅见成都的屏障尽失，只好自缚请降，蜀汉灭亡。（见图 11-2）

11.3　凡为客[1]之道：深入则专[2]，主人[3]不克[4]；掠于饶野[5]，三军足食；谨养而勿劳，并气[6]积力；运兵计谋，为不可测。投之无所往，死且不北[7]。死焉不得士人尽力[8]。兵士甚[9]陷则不惧，无所往则固[10]，深入则拘[11]，不得已则斗。是故其兵不修[12]而戒，不求而得，不约[13]而亲，不令而信。禁祥[14]去疑，至死无所之[15]。吾士无余财，非恶（wù）货也；无余命，非恶寿也。令发之日，士卒坐者涕沾襟，偃[16]卧者涕交颐[17]。投之无所往者，诸[18]、刿（guì）[19]之勇也。

【注释】

①客:客军,指进入敌国作战的军队。 ②专:心意专一。 ③主人:在自己的国土上作战的军队。 ④克:战胜。 ⑤饶野:富饶的村野。 ⑥并气:聚气,指蓄聚士气。 ⑦北:败北;败逃。 ⑧死焉不得士人尽力:此句有两种断法,一为"死焉不得,士人尽力",指不怕死怎么能不取得胜利,所以士兵都会尽力作战;一为"死,焉不得士人尽力",指面对死亡,士兵们怎么会不尽力作战呢。均能说通。 ⑨甚:厉害;严重。 ⑩固:稳固。 ⑪拘:拘束;束缚。 ⑫修:整治。 ⑬约:约束。 ⑭祥:吉凶迷信。 ⑮之:往。 ⑯偃:仰卧。 ⑰颐:腮。 ⑱诸:即专诸,春秋末期吴国的刺客。他被伍子胥收买,刺杀了当时的吴国国王僚。 ⑲刿:即曹刿,又叫曹沫,春秋时期鲁国的勇士,相传鲁君与齐君相会时,他持剑劫持齐君订立盟约,收回了失地。

【译文】

大凡军队进入敌国作战的原则是:深入敌境后,将士们就会心意专一地奋勇作战,敌人没有办法战胜我们;从富饶的村野中掠夺粮草,全军就有了足够的给养;注意休养,不要过于劳累,蓄聚士气,积累力量;调动兵力,设计谋略,让敌人无法判断。把军队置于无路可退的境地,将士们就会宁死不败退。将士们不怕死,怎能不取得胜利,所以人人都会尽力作战。士卒深陷危险的境地就不会感到害怕,无路可退军心就稳固,深入敌境就会紧密团结,迫不得已就会拼死战斗。所以士卒们不用整治就会去戒备,不用要求就会根据需要去做,不用约束就会亲近,不用命令就会遵守纪律。禁止占卜等迷信活动,消除士卒们心中的疑虑,他们至死也不会逃跑。我的将士没有多余的财物,这并不是他们讨厌财物;他们不贪生怕死,这并不是他们讨厌长寿。发布命令的时候,坐着的士卒泪水沾湿了衣襟,躺着的士卒泪流满面。把军队置于无路可退的境地,士卒们就会像专诸、曹刿一样勇敢了。

【导读】

本节着重论述了“为客之道”即进入敌境作战的具体方法，包括要夺取敌人的物资，要保持旺盛的士气，要置之死地而后生，等等。其中的“谨养而勿劳，并气积力”，指要注意休养，不要过于劳累，要蓄聚士气，积累力量。军队深入敌国作战，当然以速胜为原则，但是，当决战时机不成熟时，利用敌国的资源，养精蓄锐，等待歼敌的良机，也是十分必要的。公元前 224 年，秦王派王翦率 60 万大军攻打楚国，楚国集中全国的兵力进行抵御。王翦在攻取楚国的几座城池以后，便按兵不动，不管楚军如何挑战，他都坚壁不战，而是让士兵锻炼身体，蓄养精力。后来，他看到士兵在军中玩投石块争胜负的游戏，便知道他们士气旺盛，求战心切。而此时楚军则因为求战不得，军心懈怠。于是，王翦利用楚军退兵的机会，挥师追击，大败楚军，俘虏了楚国国王。

11.4 故善用兵者，譬如率然①；率然者，常山②之蛇也。击其首则尾至，击其尾则首至，击其中则首尾俱至。敢问：“兵可使如率然乎？”曰：“可。”夫吴人与越人相恶也，当其同舟而济③，遇风，其相救也如左右手。是故方马埋轮④，未足恃也；齐勇若一，政⑤之道也；刚柔⑥皆得，地之理也。故善用兵者，携手若使一人，不得已也。

【注释】

①率然：古代传说中的一种蛇。

②常山：即恒山，因避汉文帝刘恒讳而改，在今山西浑源南，是五岳中的北岳。一说指河北曲阳的恒山，因为山西浑源的恒山在清

【译文】

所以善于用兵打仗的人，就好比“率然”一样；“率然”是恒山中的一种蛇。击打它的头部，它的尾巴就会来救应；击打它的尾部，它的头就会来救应；击打它的腰部，它的头和尾巴都会来救应。试问：“用兵打仗也能做到像‘率然’那样吗？”回答是：“可以。”吴国人与越国人交恶，当他们一起坐船渡河而遇到大风时，他们互相

代才定为北岳。
③济：渡。
④方马埋轮：把马并排捆起来（方：并排），把车轮埋在地下，目的是防止士卒逃跑。
⑤政：主持；主宰。
⑥刚柔：刚强和柔弱。一说指强壮的士兵和羸弱的士兵。

救援，就像一个人的左右两只手一样。所以把马并排捆起来，把马车的车轮埋在地下，用这种方法来防止士卒逃跑，是靠不住的；使士卒齐心协力，奋勇杀敌，就像一个人一样，这才是统御军队的方法；要使各种刚强和柔弱的力量都能发挥作用，就要充分利用地形的特点。所以善于用兵打仗的人，能使士卒们携起手来，就像一个人一样，除此没有别的选择。

【导读 + 图说】

本节指出，善于用兵的人，指挥千军万马能像指挥一个人一样得心应手。为了说明这个问题，孙子以常（恒）山之蛇为喻："故善用兵者，譬如率然；率然者，常山之蛇也。击其首则尾至，击其尾则首至，击其中则首尾俱至"，指善于用兵打仗的人，要使军队像恒山的蛇一样，击打它的头部，尾部就来救应；击打它的尾部，头部就来救应；击打它的腰部，头和尾都会来救应。后人根据孙子的这一论述，发明出了一种阵法——常山蛇阵，俗称"一字长蛇阵"，即让军队像"一"字一样摆列开来。明嘉靖年间，我国东南沿海倭患严重，一字长蛇阵即为倭寇喜欢采用的阵法之一，因为这种阵法队形疏散，既便于各自为阵进行战斗，又便于相互救应，且不易被敌方包围。针对倭寇的

▲图 11-3　清代马骀（tái）绘制的《历代名将画谱》中的"阵演鸳鸯"图，描绘了戚继光正在操练鸳鸯阵的情形

这一特点，抗倭名将戚继光创立了一种名为“鸳鸯阵”的阵法：以十二人为一队，队长居前，次随两人，一人执长牌，一人执藤牌；再次也是两人，各执狼筅（xiǎn）；后面随四人，各执长枪；再后面又是两人，各执短兵器；最后一人为火夫。鸳鸯阵变化多端，机动严密，在抗击倭寇中发挥了巨大的作用。（见图 11-3）

11.5 将军[1]之事：静以[2]幽，正以治[3]。能愚士卒之耳目，使之无知。易[4]其事，革[5]其谋，使人无识；易其居[6]，迂[7]其途，使人不得虑。帅与之[8]期[9]，如登高而去其梯；帅与之深入诸侯之地，而发其机[10]，焚舟破釜[11]，若驱群羊，驱而往，驱而来，莫知所之。聚三军之众，投之于险，此谓将军之事也。九地[12]之变，屈伸之利，人情之理，不可不察。

【注释】

①将军：统帅军队。一说指职务。
②以：而。
③治：治理得有条理。
④易：改变。
⑤革：变更；更改。
⑥居：指驻地。
⑦迂：迂回。
⑧之：指士卒。
⑨期：这里指规定时间去作战。
⑩机：弩的机括。
⑪釜：古代的一种炊具，类似锅。
⑫九地：九种地形，见 11.1。

【译文】

统帅军队这件事情，一定要做到沉着冷静，隐秘莫测；严正肃穆，有条不紊。能蒙蔽士卒的耳目，使他们对军事行动一无所知。行动不断改变，计谋不断更改，使别人无法识破；驻地随时变换，行军时迂回前进，使别人捉摸不透。将帅与士卒规定时间去作战，就像登上高处后抽掉梯子一样不留退路；将帅与士卒深入诸侯国境内，就像从弩上发射出去的箭无法收回一样，把乘坐的船烧毁，把炊具打碎，以示绝不后退，又像驱赶羊群一样，赶过去，赶过来，却不知道要去哪里。把全军将士聚集起来，把他们置于危险的境地，这就是统帅军队所要做的事情。根据不同的地形灵活应变，弄清屈曲和伸展在什么情况下有利，人们的各种心理活动，这些都是要仔细考察分析的。

【导读+图说】

本节论述了统帅军队的要诀：严守军事机密，不告诉部下；不断变更计划，让士兵无法猜测用兵方向；采用“登高去梯”、“焚舟破釜”等方法，有意把士卒置于死地，让他们为自己的生存而战。其中“焚舟破釜”是指烧毁乘坐的船只，打碎做饭用的炊具。这样做的目的是告诉士兵：军队有进无退，除了勇往直前消灭敌人，没有别的出路。从而激起士兵们拼死一战的决心。秦朝末年，在陈胜、吴广起义的影响下，各地民众纷纷起而反秦。公元前208年，秦将章邯率军大破起义的赵军，赵王退守巨鹿（今河北鸡泽北），又被秦军包围，赵王向项羽（见图11-4）所在的楚军求救。公元前207年，项羽率军到达巨鹿时，巨鹿城已危在旦夕。当时前来救赵的有不少支义军队伍，但是它们都因畏惧秦军，互相观望，不敢向秦军进攻。项羽则决心与秦军决战。他率领主力渡过漳河后，便下令打碎炊具，凿沉船只，每人只带够三天吃的粮食，然后以迅雷不及掩耳的气势，攻向秦军。在楚军的猛冲猛打下，秦军崩溃，巨鹿之围也随之而解。

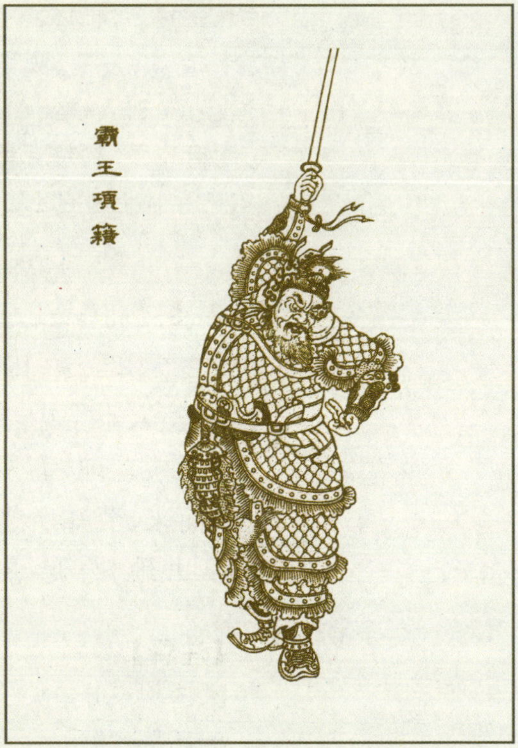

▲图11-4 项羽“力拔山兮气盖世”，是我国历史上有名的勇将，此为《清刻历代画像传》中描绘的威风凛凛的项羽像

11.6 凡为客之道[①]，深则专，浅则散。去国越境而师[②]者，绝地也；四达者，衢地也；入深者，重地也；入浅者，轻地也；背固前隘[③]者，围地也；无所往者，死地也。是故散地，吾将一其志；轻地，吾将使之属（zhǔ）[④]；争地，吾将趋其后[⑤]；交地，吾将谨其守；衢地，吾将固其结[⑥]；重地，吾将继其食；圮（pǐ）地，

吾将进其涂[7]；围地，吾将塞其阙（quē）[8]；死地，吾将示之以不活。故兵之情[9]，围则御，不得已则斗，过则从[10]。

【注释】

①为客之道：进入敌境作战的规律。 ②师：军队，这里作动词，指出动军队作战。 ③背固前隘：背后地势险要（固：地势险要），前面狭窄。 ④属：连接。 ⑤趋其后：指抄到敌人的后面。 ⑥结：结交。 ⑦涂：同“途”，指道路。 ⑧阙：同“缺”，指缺口。 ⑨兵之情：士卒的心理。 ⑩过则从：过于危险时就会听从指挥。

【译文】

大凡进入敌国境内作战的规律是：深入敌境，大家就会心意专一；进入得浅，军心就容易涣散。离开自己的国家，越过国境而作战，是进入了“绝地”；四通八达的地方，称为“衢地”；进入敌境很深的地方，称为“重地”；进入敌境不深的地方，称为“轻地”；背后地势险要，前面狭隘的地方，称为“围地”；无路可走的地方，称为“死地”。所以处于“散地”上时，我将统一大家的意志；处于“轻地”上时，我将使队伍之间紧密联络；处于“争地”上时，我将快速抄到敌人的后面；处于“交地”上时，我将谨慎地防守；处于“衢地”上时，我将巩固与诸侯国的结交；处于“重地”上时，我将保证部队的粮草供应；处于“圮地”上时，我将迅速通过；处于“围地”上时，我将堵塞所有的缺口；处于“死地”上时，我将显示拼死一战的决心。所以士卒的心理是：被包围就会抵御，迫不得已就会去战斗，处境过于危险时就会听从指挥。

【导读＋图说】

本节继续论述“为客之道”即进入敌境作战的方法，但与11.3中论述的“为客之道”不同，这里主要讲进入敌境后如何针对不同的地理环境采用相应对策的问题。不过所述的原则并不限于“为客之道”，也适用于其他形式的战争。其中的“围地，吾将塞其阙”，指在“围地”作战时，我将堵塞所有的缺口。此语系相对于7.7中的“围师必阙”而言。孙子认为，在包围敌人时，为了防止敌人因感到自己已走投无路而拼死作战，一定要在包围圈中留一个缺口，让敌人感到有求生的希望，从而失去斗志。因此，对于被包围一方的将帅来说，为了让自己的队伍有拼死一战的决心，就要堵塞敌人故意留下的缺口。北魏末年，尔朱氏掌握朝政，倒行逆施，魏大都督高欢起兵反对尔朱氏。公元532年，尔朱兆、尔朱天光等率众二十万前来攻伐，双方在邺城(今河北临漳西南三台村)附近展开决战。当时高欢手下只有三万部队，被尔朱兆等的部队围困在韩陵山(在邺城西南)。尔朱兆的部队为了瓦解高欢军的斗志，故意围而不合，留下一个缺口。高欢发现敌人的阴谋后，命士兵将牛、驴等牲畜系连起来，堵塞了缺口。士兵们见没有退路，便拼死作战，四面出击，大破尔朱氏的军队。(见图11-5)

▲图11-5　冷兵器作战，以血肉之躯与刀剑相触，因此，士气对于取得战争的胜利有关键性的作用。高欢在敌数倍于我的情况下，采用置之死地而后生的战法，终于获得大胜，再次证明了士气的巨大作用。此为敦煌壁画中的“作战”图，描绘了北朝时期的战争场面。敌我双方短兵相接，其残酷程度可见一斑

11.7　是故不知诸侯之谋者，不能预交；不知山林、险阻、沮(jù)泽之形者，不能行军；不用乡导者，不能得地利①。四五者②，不知一，非霸王③之兵也。夫霸王之兵，伐大国，则其众不得聚；威加于敌，则其

交不得合[4]。是故不争天下之交，不养天下之权[5]，信[6]己之私，威加于敌，故其城可拔[7]，其国可隳(huī)[8]。

【注释】

①是故不知……不能得地利：这几句与7.3同。

②四五者：指上述各种情况。一说指九地的利和害(四加五为九)。

③霸王：霸和王的合称，诸侯联盟的首领为霸，拥有天下的帝王称王。也可以指霸主。

④合：会合；联合。

⑤不养天下之权：此句众解纷纭，一说指不去侍奉天下的霸权(养：侍奉)；一说指不要随使培植哪一国的势力；一说指不蓄养机权之计；等等。

⑥信：同"伸"，指伸展。一说指信从、依靠。

⑦拔：攻克；攻取。

⑧隳：毁坏。

【译文】

所以不了解其他诸侯国的图谋，就不能与之结交；不知道山林、险阻、沼泽的地形分布，就不能行军；不用向导带路，就不能充分利用地理的优势。上述各种情况中，有一种情况不熟悉，就算不上是霸王的军队。霸王的军队，讨伐大国，能使大国的军队来不及集结；兵威凌驾于敌国，使与敌国结交的国家不能与它联合。所以不用争着与天下的国家结交，用不着在别的国家培植自己的威势，只要实施自己的计划，把兵威凌驾于敌国，就可以攻取敌人的城池，毁坏敌人的国家。

11.8 施无法[1]之赏，悬[2]无政[3]之令，犯[4]三军之众，若使一人。犯之以事，勿告以言；犯之以利，勿告以害。投之亡地然后存，陷之死地然后生。夫众陷于害，然后能为胜败。

【注释】

①无法：法令中没有规定的。

②悬：这里指颁布、公布。

【译文】

施行法令中没有规定的奖赏，颁布不合常规的号令，使用全军将士就像使用一个人一样。用他们去做事情，不必向他们解释为什么；用他们去争夺利益，不用告

③无政：这里指不合常规。
④犯：使用；用。

诉他们其中有什么危害。把他们置于面临灭亡的境地然后才能保存，使他们陷入死地然后才能生还。让全军陷入绝境，然后才能左右战争的胜败。

【导读】

本节强调，将帅在指挥军队作战时，切不可拘泥成法，而应灵活机动，采用出人意料的战略战术，其中甚至包括采用某些匪夷所思的极端措施，如“投之亡地然后存，陷之死地然后生”，指把军队置于面临灭亡的境地然后才能保存，使将士们陷于死地然后才能生还。置之死地而后生，这是孙子反复强调的观点，这一观点与冷兵器时代作战主要依靠士气有很大的关系。在历史上，项羽在巨鹿之战时破釜沉舟，韩信在与赵国作战时背水列阵，都属于这方面的例子。不过，上述两个例子都是项羽和韩信运用置之死地而后生的原则，有意把军队置于死地，以激发将士们为生存而战，从而取得了战争的胜利。在实际战争中，经常会碰上少量部队陷入敌人重重包围的情况，在这个时候，如果能以置之死地而后生相激励，而不是因为绝望而慌乱，往往能创造奇迹。公元416年，东晋执政者刘裕率军北伐后秦。第二年，晋军主力到达潼关时，为包围秦军主力，刘裕派沈田子、傅弘率军千余人绕到秦军主力之后。沈田子等到达峣（yáo）柳（即峣关，在今陕西高县西北）附近时，与数万秦军步骑遭遇。这时，沈田子想乘秦军立足未稳，发起攻击。傅弘急忙劝阻，认为众寡过于悬殊。沈田子说，正因为众寡悬殊，才要主动出击，否则我军必将全军覆没。于是，沈田子激励士兵奋勇作战，以死里求生。士兵们人人奋勇，以区区千余人攻击数万人的大军，居然斩首达万余级，并迫使秦军败逃。

11.9 故为兵之事，在于顺详①敌之意，并敌一向②，千里杀将，此谓巧能成事者也。

【注释】

①顺详：一说指谨慎地审察（顺：通“慎”，指谨慎。详：审察）；一说指假装顺从（详：通“佯”，指假装）。

②并敌一向：集中兵力向敌人的一个方向进攻。

【译文】

所以指挥军队这件事情，在于谨慎地考察敌人的意图，集中兵力向敌人的一个方向进攻，这样，就可以千里奔袭，斩杀敌将，这叫做巧妙就能成就事情。

【导读＋图说】

本节指出，用兵打仗，关键是要在弄清敌人意图的基础上，果断地集中兵力，向敌人发起进攻，这样，就可以千里奔袭，擒杀敌将。公元619年，盘踞马邑（今山西朔县）的刘武周在突厥的唆使下，向唐军发动进攻，其部将宋金刚率军占领了太原及其周边的大片地区。太原是唐军起兵的地方，也是其后方基地，因此，李渊命李世民率兵夺回太原。李世民率军抵达柏壁（今山西新绛西南）后，便坚壁不战。他分析当时的形势：宋金刚军中无蓄积，利在速战，若我闭营养锐，等到宋金刚粮尽撤退时，便可战而胜之。果然，到了公元620年4月，宋金刚军中粮尽，便向北撤退。这时，唐军倾巢而出，李世民亲率大军，紧追不舍，一昼夜行二百余里，战数

►图11-6 骑兵在古代战争中有极为重要的作用，李世民之所以能千里杀将，大获全胜，就在于充分发挥了骑兵机动灵活、适于长途奔袭的特点。此为敦煌壁画中的“骑兵交战”图，描绘了唐朝骑兵与敌作战的情形

十次。追到高壁岭(今山西灵石南)时,李世民身边的刘弘基拉住他的马辔,请李世民将息身体后再追。然而,李世民认为:功难成而易败,机难得而易失,在我军的有力追歼下,宋金刚军已众心离散,若穷追猛打,不给敌人以喘息之机,就可一举成功。于是继续策马直追,并终于追上了宋金刚的主力,在一天中八战八胜,俘杀数万人,收复了太原,刘武周、宋金刚逃奔突厥。在此役中,李世民料敌准确,又能身先士卒,在长距离追击敌人的过程中,两天不吃饭,三天不解甲,终于使敌人的战斗意志彻底崩溃,从而取得了辉煌的胜利。(见图 11-6)

11.10 是故政举①之日,夷关②折符③,无通其使;厉④于廊庙⑤之上,以诛⑥其事。敌人开阖(hé)⑦,必亟(jí)⑧入之。先其所爱,微⑨与之期⑩。践墨⑪随敌,以决战事。是故始如处女,敌人开户;后如脱兔⑫,敌不及拒。

【注释】

①政举:这里指决定用兵打仗。 ②夷关:封锁关口。 ③折符:废除通行凭证(折:折毁。符:出入门关的凭证)。 ④厉:通“砺”,指磨砺,这里指反复商讨。 ⑤廊庙:指朝堂。 ⑥诛:求;索求。这里指研究。 ⑦阖:门扇。 ⑧亟:赶快。 ⑨微:无。 ⑩期:约定时日。 ⑪践墨:木工根据墨线加工木料,这里指按照计划作战。 ⑫脱兔:逃脱的兔子。

【译文】

所以决定用兵打仗的时候,要封锁关口,废除通行凭证,不让外国的使节出入;在朝堂上反复商讨,以确定用兵方案。一旦敌人露出破绽,就赶快乘隙而入。先夺取敌人的要害之地,不要与敌人约定交战的日期。实施计划时,要根据敌情的变化来决定战事的安排。所以开始时要像处女一样沉静,诱使敌人露出破绽;后来则要像逃脱的兔子一样迅捷,让敌人来不及抵抗。

【导读】

本节论述了决定对敌作战后应该采取的一些具体措施，包括封锁关口、禁止使者往来、夺取战略要地，等等。其中的“始如处女，敌人开户；后如脱兔，敌不及拒”，指开始时像处女一样沉静，诱使敌人露出破绽；后来则如逃脱的兔子一样迅捷，让敌人来不及抵抗。这实际上是一种通过示人以弱来诱使敌人上当的战术。春秋末年，吴王阖(hé)庐重用伍子胥、孙武等人，准备灭亡楚国。孙武认为，要灭亡楚国，首先必须夺取楚国在大别山以东江淮之间的豫章地区。当时，在这一带有个名叫桐国的小国，孙武利用桐国对楚国的不满，让它叛楚投吴。之后，孙武又派人到楚国去说：吴国害怕楚国，如果楚国攻打吴国，吴国就只好去攻打桐国，以讨好楚国。楚国的令尹囊瓦听到这一说法，信以为真，便率军攻打吴国。孙武发现楚国已经中计，便等楚军到达豫章后，派出一部分军队开往桐国，装出要攻打桐国的样子，以继续迷惑楚国；暗中则将吴军主力调至豫章附近，以等待机会。楚军发现吴国军队向桐国进发，便在豫章静候消息。然而等了好几个月，仍没有吴国向桐国发起进攻的消息，而这时的楚军已兵无斗志，士气低落。孙武弄清这一情况后，便率吴军主力突然包围了楚军，并立即发起猛攻，打得楚军狼狈逃窜，吴军大获全胜。此役为日后吴军大举入楚扫清了一大障碍。

“火攻”，指在军事行动中用放火烧敌的办法来辅助进攻。本篇介绍了“火人”、“火积”、“火辎”、“火库”、“火队”五种火攻的方法，并指出，在采用火攻时，一定要考虑到气候、时间等因素，以确保火攻的效力；同时，在采用不同的方法进行火攻时，部队要及时作出相应的部署。本篇最后强调，君主或将帅采取军事行动一定要以对己有利为原则，切忌受情绪的支配：“主不可以怒而兴师，将不可以愠而致战。”

火攻篇第十二

12.1 孙子曰：凡火攻有五：一曰火①人，二曰火积②，三曰火辎，四曰火库，五曰火队（suì）③。行火必有因④，烟火⑤必素具。发火有时，起火有日。时者，天之燥也；日者，月在箕、壁、翼、轸（zhěn）⑥也。凡此四宿（xiù）⑦者，风起之日也。

【注释】

①火：指用火烧。

②积：指积蓄的粮草。

③队：通“隧”，指道路，这里指运输设施。

④因：凭借。

⑤烟火：指用于火攻的器材。

⑥箕、壁、翼、轸：星宿名，分别为二十八宿之一。

⑦宿：我国古代天文学指天上某些星的集合体。

【译文】

孙子说：火攻有五种：一是火烧敌人的兵马，二是火烧敌人积蓄的粮草，三是火烧敌人的辎重，四是火烧敌人的库房，五是火烧敌人的运输设施。实施火攻一定要凭借某种条件，用于火攻的器材平时必须准备好。放火要看天时，起火要选日子。所谓天时，是指气候干燥的时候；所谓日子，是指月亮位于箕、壁、翼、轸这四个星宿所处的位置的时候。月亮位于这四个星宿所处的位置，就是起风的日子。

【导读】

“日者，月在箕、壁、翼、轸也。凡此四宿者，风起之日也”，这里反映的是古人的一种天文观念，即认为当月亮在天空中运行到二十八宿中的箕、壁、翼、轸四个星宿所在的位置时就会刮风。但是，现代科学证明，古人的这种观念并不正确。

【导读＋图说】

本节主要介绍了实行火攻的五种方法：“火积”、“火辎”、“火库”、“火队”和“火人”。其中的“火人”，指火烧敌人的士兵。历史上通过火烧敌人的士兵而获胜的战例很多，但最具代表性的还数东汉末年孙刘联军在赤壁火烧曹操的军队而大获全胜的例子。公

▲图 12-1 绘于民国时期的《群英会安排苦肉计》,描绘了火烧赤壁前周瑜打黄盖的情形

元 208 年,曹操率数十万大军南下,与沿江西上的孙刘联军在赤壁(今湖北嘉鱼东北)相遇。曹军初战失利,与孙刘联军隔江对峙。因曹军将士大部分是北方人,不习惯水上的风浪颠簸,便用铁环将战船互相系在一起。这时,周瑜的部将黄盖建议:敌军将那么多的船连在一起,正可以用火攻破敌。于是,周瑜和黄盖合演了一出"周瑜打黄盖"的苦肉计(见图 12-1),以显示周瑜与黄盖之间有着很深的矛盾。之后黄盖假装向曹操投降,并在所乘的船中装满了油、柴草等燃烧材料,等到接近曹军时一齐点燃,快速驶向曹军。一时间烟焰冲天,曹军的船只很快被火焚毁,并延烧到岸上的曹军军营。孙刘联军乘势发动进攻,曹军大败,人马烧死溺死极多。

12.2 凡火攻,必因①五火②之变而应③之。火发于内,则早应之于外。火发兵静者,待而勿攻,极④其火力,可从⑤而从之,不可从而止。火可发于外,无待于内,以时发之。火发上风,无攻下风。昼风久,夜风止。凡军必知有五火之变，以数[⑥]守之。

【注释】

①因：根据。

②五火：五种火攻，即上文的火人、火积、火辎、火库、火队。

③应：配合；策应。

④极：达到极点。

⑤从：这里指进攻。

⑥数：规律。一说指具体的火攻条件；一说指星象的度数。

【译文】

凡是火攻，一定要根据五种火攻造成的变化而派兵进行策应。如果火是从敌营内部放的，就应尽早派兵从外面策应。如果火烧起来以后敌军仍然很安静，就要耐心等待，不要贸然进攻，等到火势极其旺盛的时候，再根据情况，适宜进攻就进攻，不宜进攻就罢手。如果能从外面放火，就不必等待内应从里面放火，只要根据时机放火就行。从上风的地方放火，就不要从下风的地方进攻。白天刮风的时间长，夜晚风就会停止。军队一定要懂得有这五种火攻造成的变化，并根据规律加以运用。

【导读】

“昼风久，夜风止”，指如果白天刮风的时间长，到了夜晚风就会停止。这种说法并不科学，因为白天晚上都刮风或连着几天几夜都刮风的情况并不少见。

12.3 故以火佐攻者明[①]，以水佐攻者强[②]。水可以绝[③]，不可以夺[④]。

【注释】

①明：指效果明显。

②强：指增强威力。

③绝：隔绝；断绝。

④夺：一说指夺取敌人的积蓄；一说指像火攻一样焚毁敌人的物资；一说指赶走。

【译文】

所以用火来辅助进攻，效果明显；用水来辅助进攻，可增强威力。利用水可以使敌军互相之间隔绝，但无法夺取敌人的积蓄。

▲图 12-2　韩信高超的军事指挥艺术正合于《孙子兵法》中所说的“故善出奇者，无穷如天地，不竭如江河”之原则。此为韩信像

【导读＋图说】

俗话说“水火无情”，因此，此无情之水火亦常常被用于军事目的。本篇名为“火攻”，但孙子也顺便提到了水攻，并认为“以水佐攻者强”，指用水来辅助进攻，可增强威力。因此，《孙子兵法》中虽无“水攻”篇，但不能就此说明孙子轻视水攻的作用。在历史上，也不乏采用水攻取胜的战例。楚汉相争时，韩信（见图 12-2）率军破赵降燕后，北方只有田齐还依附项羽。公元前 203 年，韩信乘齐军无备，占领临淄（今山东临淄），齐军败退高密（今山东高密），并向项羽求救。项羽派龙且率 20 万大军救齐。龙且素来轻视韩信，他率军到达高密后，便想寻机与韩信决战。这年的11月，汉军与齐楚联军在潍水两岸对峙。韩信在一天夜里秘密派出上万人的部队，用囊盛沙，把潍水上游的水堵了起来。天亮后，韩信率军向龙且挑战，又假装败退，当龙且的追击部队一半渡过潍水后，上游的汉军及时决水，把龙且的部队分隔成两部。此时，韩信率军反击，全歼已渡过潍水的齐楚联军，龙且自杀。未渡河的部队见状也不战而溃，韩信派兵追击，俘虏了齐王，全部占领了齐地。

12. 4　夫战胜攻取，而不修其功①者凶，命曰费留②。故曰：明主虑之，良将修之。非利不动，非得③不用④，非危不战。主不可以怒而兴师，将不可以愠（yùn）⑤而致战。合于利而动，不合于利而止。怒可以复喜，愠可以复悦，亡国不可以复存，死者不可以复生。故明君慎之，良将警之，此安国全军之道也。

【注释】

①不修其功：不致力于获得彻底成功。一说指不能巩固胜利成果；一说指不能达到战略目的；一说指不能奖赏有功人员。

②费留：白白耗费战争资源（留：通“流”，指流失）。一说指枉费财力、人力，军队久留于外。

③得：这里指取胜。

④用：这里指用兵。

⑤愠：生气。

【译文】

战胜敌人，攻取敌人的城池，不致力于获得彻底成功的有凶险，这叫做白白耗费战争资源。所以说：英明的国君要好好考虑这件事情，优秀的将帅要认真处理这件事情。没有利益就不采取行动，没有把握取胜就不用兵，不到危急关头就不轻启战端。国君不能因为愤怒而发动战争，将帅不能因为生气而与敌人交战。符合己方的利益就行动，不符合己方的利益就停止。愤怒可以重新变为喜悦，生气可以重新变为高兴，国家灭亡了就不能再存在，人死了也不能再活过来。所以英明的国君对此一定要慎重，优秀的将帅对此一定要警惕，这是使国家安定、军队得以保全的根本原则。

【导读】

本节指出，用兵打仗的最终目的，是获取利益，因此，将帅必须以是否对己有利作为采取军事行动的准则，反之，如果因为愤怒、生气等而出兵，则极易造成巨大的灾难。所以孙子说：“将不可以愠而致战”，指将帅不能因为生气而出兵与敌人交战。对于一个军事将领来说，什么时候与敌人交战，怎样与敌人交战，必须谋定而后动，绝不能因为一时的愤怒而盲目出兵。楚汉战争中，成皋（在今河南荥阳市汜水镇西）是楚汉双方争夺的要地，曾几度易手。公元前 203 年，项羽占领成皋后，因后方基地不断受到攻击，只好亲率大军前去平定。行前，他命大司马曹咎守卫成皋，并告诫他说：不管汉军如何挑战，都不要出击，只要守住成皋就行，我很快就会回来。项羽离开后，刘邦乘楚军分兵的机会，向成皋发起猛攻。起初，曹咎遵照项羽的指示，只是一味固守。然而，由于汉军不断对他进行辱骂，他感到忍无可忍，便在一怒之下，率兵出击。结果，楚军在汜水岸边被汉军打败，曹咎被迫自杀，汉军再度占领成皋。这就是将帅“愠而致战”造成的严重后果。

“用间”指使用间谍。本篇首先说明了“先知”即预先掌握敌情对于取得战争胜利的重要性：“故明君贤将，所以动而胜人，成功出于众者，先知也。”而要做到“先知”，使用间谍无疑是极为重要的途径，因此，本篇接着介绍了因间、内间、反间、死间、生间这五种不同类型的间谍，并认为“五间俱起”，在用兵时就可达到神妙莫测的效果。而在这五种间谍中，反间即为我所用的敌方间谍又是最重要的，所以对待反间“不可不厚也”。最后，本篇以夏朝时的伊尹和商朝时的姜尚为例，来说明间谍的作用和价值。

用间篇第十三

13.1　孙子曰：凡兴师十万，出征千里，百姓之费，公家之奉[①]，日费千金。内外骚动，怠[②]于道路，不得操事[③]者，七十万家。相守数年，以争一日之胜，而爱[④]爵禄[⑤]百金，不知敌之情者，不仁之至也，非人之将也，非主之佐也，非胜之主[⑥]也。故明君贤将，所以动而胜人，成功出于众者，先知也。先知者，不可取[⑦]于鬼神，不可象于事[⑧]，不可验于度[⑨]，必取于人，知敌之情者也。

【注释】

①奉：同"俸"，指国家的开支。

②怠：疲倦。

③操事：这里指从事生产劳动。

④爱：吝惜；吝啬。

⑤爵禄：爵位和俸禄。

⑥主：主宰。一说指主帅；一说指国君。

⑦取：索取；求取。

⑧象于事：指用以前的事情进行类比（象：相像；相似）。

⑨验于度：用日月星辰运行的位置来验证（度：度数，这里指日月星辰的位置）。

【译文】

孙子说：凡是出动十万人的部队，千里征战，那么老百姓的耗费，国家的开支，每天需要花掉千金。国家内外，动荡不安，在道路上疲于奔命，不能从事生产劳动的，有七十万户人家。敌我双方在战场上相持数年，是为了争取胜利的那一天，却因为吝惜爵位、俸禄和金钱，而不能了解敌情，这样的人就是不仁爱到了极点，他不配做军队的将帅，不是国君的好帮手，不能成为胜利的主宰。因此英明的君主和贤能的将帅，所以能够动辄取胜，获得的成功超出众人，就是因为能事先了解敌情。要事先了解敌情，不能求助于鬼神，不能用以前的事情进行类比，不能依靠用日月星辰运行的位置来验证，一定要求助于真正了解敌情的人。

【导读】

"不得操事者，七十万家"，指不能从事正常的农业生产的，有七十万户人家。为什么出动十万大军，就会有七十万户人家不能正常从事农业生产呢？对此，曹操是这样解释的：古代以八户人

▲图 13-1 李世民是我国历史上杰出的军事家，这不仅表现在他在指挥作战时屡战屡胜，更在于他对军事指挥艺术的创造性发明。此为唐太宗李世民像

家为一个单位，他们之间相邻而居，其中一户人家有人从军，其他七户人家就有责任供养，这样一来，要供养这十万大军的就有七十万户人家。

【导读＋图说】

本节指出，战争需要耗费极为巨大的人力物力，其目的则是获取胜利。而要取得战争的胜利，就必须事先了解敌情。所以孙子说："故明君贤将，所以动而胜人，成功出于众者，先知也"，指英明的君主和贤能的将帅，所以能够动辄取胜，获得的成功超出众人，就是因为能事先了解敌情。能事先了解敌情，就能做到"知彼"，从而在此基础上制订切实有效的作战计划，这对取得战争的胜利当然是至关重要的。公元 621 年，李世民（见图 13-1）率唐军与窦建德的十多万大军相拒于虎牢（在今河南荥阳西），李世民采用坚壁疲敌之计，让窦建德一筹莫展。这年 5 月，唐军因缺马料，准备去黄河北面牧马。窦建德得知这一消息后，就准备乘机袭击唐军。然而，窦建德的这一作战计划却被李世民获悉，于是李世民决定将计就计。他亲自率军带领马匹北渡黄河，并把千余匹马留在河边，以引诱窦建德。窦建德果然中计，他命令全军出动，沿河展开队伍，以待与唐军决战。李世民则按兵不动，等到看到窦军因列阵时间过久而士气低落时，突然出动精锐骑兵向窦军发起冲击，窦军猝不及防，很快便陷入大混乱。唐军在窦军阵营中反复冲杀，俘获窦军五万余人，窦建德也因伤被俘。

13.2 故用间①有五：有因间，有内间，有反间，有死间，有生间。五间俱起，莫知其道，是谓神纪②，人君之宝也。因间者，因③其乡人④

而用之；内间者，因其官人[5]而用之；反间者，因其敌间而用之；死间者，为诳（kuáng）[6]事于外，令吾间知之，而传于敌间也；生间者，反[7]报也。

【注释】

①间：间谍。

②神纪：神妙的道理（纪：道理）。

③因：凭借，这里指利用。

④乡人：乡间之人。一说指乡间的地方官。

⑤官人：官吏。

⑥诳：欺骗；迷惑。

⑦反：同“返”，指返回。

【译文】

所以可使用的有五种间谍：“因间”、“内间”、“反间”、“死间”和“生间”。这五种间谍同时使用，使敌人无法弄清其中的奥秘，这叫做神妙的道理，是国君取胜的法宝。所谓“因间”，是利用敌国的乡间之人做间谍；所谓“内间”，是利用敌国的官吏做间谍；所谓“反间”，是利用敌人的间谍做我方的间谍；所谓“死间”，是向外传播虚假的消息，让我方的间谍知道后，再传给敌人的间谍；所谓“生间”，是指能活着回来报告敌情的间谍。

【导读】

“死间者，为诳事于外，令吾间知之，而传于敌间也”，指所谓死间，就是把虚假的消息传播出去，让我方的间谍知道，再把这个消息传播给敌方的间谍。意即把虚假的消息传播给敌方间谍的我方间谍，称为死间。为什么这样的间谍称为死间呢？因为当敌方最终得知我方间谍传递的是假消息时，我方间谍通常必死无疑。

【导读＋图说】

本节着重介绍了“因间”、“内间”、“反间”、“死间”、“生间”五种间谍及其不同特点。其中的“内间者，因其官人而用之”，指所谓内间，就是利用敌方的官吏做间谍。因官吏通常掌握一定的权力，或有某方面的便利，因此，用敌方的官吏做间谍，常常能起到很好的效果。宋金战争期间，当金朝统治者发现光凭武力难以一举灭亡南宋时，便决定向南宋朝廷派遣间谍。经过筛选，他们发现秦桧

▲图 13-2 清代绘画《假金牌元帅被算》图，描绘了宋高宗听从秦桧的谗言，用十二道金牌把岳飞召回临安的情形

是一个十分合适的人选，因为秦桧曾在北宋时任御史中丞，在与徽、钦二宗一起被掳到北方后，便屈膝投降，为金兵南侵出谋划策。因此，他们把秦桧放回南宋，并要求他配合金兵的行动。秦桧回到南宋后，谎称是逃回来的，不久就受到宋高宗的重用，被任命为右相。秦桧掌握实权后，便唆使宋高宗向金求和，大肆开展投降活动。1140 年，岳家军取得郾(yǎn)城大捷和颍(yǐng)昌大捷后，金军闻风丧胆，抗金形势一派大好。这时，秦桧为了替自己的主子效劳，向宋高宗提议让岳飞班师。宋高宗听从了秦桧的建议，用十二道金牌召回了岳家军。之后，秦桧又用莫须有的罪名杀害了岳飞，起到了金朝统治者用千军万马都难以起到的作用。(见图 13-2)

13.3 故三军之事①，莫亲于间，赏莫厚于间，事莫密于间。非圣智②不能用间，非仁义不能使间，非微妙③不能得间之实。微哉！微哉！无所不用间也。间事④未发，而先闻者，间与所告者⑤皆死。

【注释】

①事：汉简《孙子兵法》作“亲”。

②圣智：智慧过

【译文】

所以在军队中，没有比间谍更受到亲信的了，得到的奖赏没有比间谍更优厚的了，事情也没有比用

人的人。
③微妙：精微巧妙。
④间事：指使用间谍的事。
⑤所告者：泄露消息的人。一说指听到这个消息的人。

间谍更秘密的了。不是智慧过人的人不能使用间谍，不是仁慈重义的人不能使用间谍，不是精微巧妙的人不能得到间谍提供的真实情报。微妙啊！微妙啊！简直没有不使用间谍的地方。使用间谍的事还没有实施，而有人先听说了这个消息，那么间谍和泄露消息的人都要被处死。

【导读＋图说】

本节提出了对待间谍的几个原则：要亲厚，要重赏，要保密。同时指出："无所不用间也"，指没有不可以用间谍的地方。也就是说，只要需要，随时随地都可以运用间谍。在明朝与后金对峙时，后金政权就是运用反间计除掉了它的心腹大患——袁崇焕（见图 13-3）。袁崇焕是明崇祯时期的名将，努尔哈赤一生战无不胜，却在宁远之战（见图 13-4）中败在袁崇焕手里，不久因愤恨病发而死。继位后的皇太极屡次想率清兵入关，都因袁崇焕坚守宁远、锦州而未能得逞。1629 年，皇太极亲率大军进攻明朝，他绕开宁、锦防线，很快进军至北京附近。袁崇焕得知这一消息后，率军前往北京城下勤王，多次击退清军的进攻。皇太极无奈之下，下令还军。然而，与此同时，皇太极为了除掉袁崇焕，设下了极为恶毒的反间计。原来，清军在进抵北京郊区时，曾俘获了两个明朝太监杨春和王德成。皇太极知道崇祯帝宠信太监，

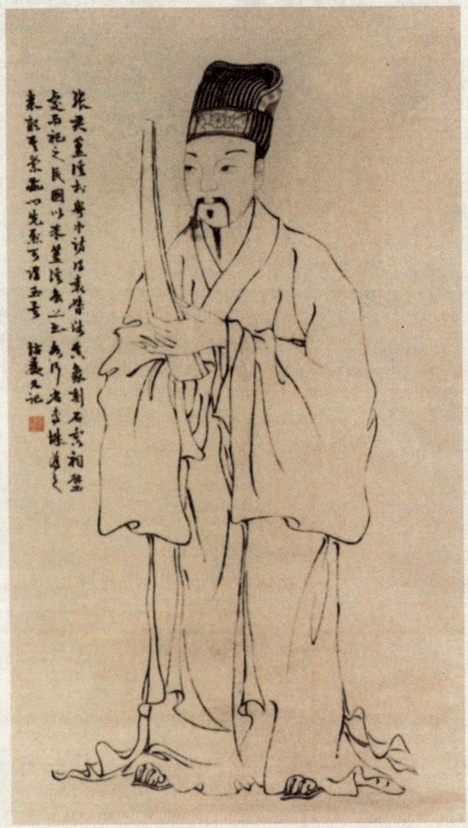

▲图 13-3　袁崇焕像

▶图 13-4　清代《满洲实录》中的《进攻宁远》图，描绘了清军向袁崇焕守卫的宁远城发动进攻的情形

便派两个手下的人来到这两个太监睡觉的地方，趁他们没有睡着，假装悄悄地聊天，说：大汗之所以要下令撤兵，是因为他与袁崇焕有密约，大事很快就要成功了。之后，他们又故意放走了杨春。杨春回到京城后，便把自己听到的话告诉了崇祯帝。崇祯帝听后大怒，下令逮捕袁崇焕，并处以极刑。一代名将就这样屈死在反间计下。

13.4　凡军之所欲击，城之所欲攻，人之所欲杀，必先知其守将、左右、谒（yè）者①、门者②、舍人③之姓名，令吾间必索④知之。

【注释】

①谒者：负责接待宾客的人。

②门者：守门的官吏。

③舍人：官名，掌管宫中之政

【译文】

凡是想要攻击的敌军，想要进攻的城池，想要杀死的敌方人员，一定要先知道

的人。这里指在守将身边出谋划策的人。 ④索：求。	其守卫的将帅、左右亲信、负责接待宾客的人、守门的官吏、在守将身边出谋划策的人的姓名，命令我方间谍务必设法掌握这些情况。

13.5 必索敌人之间来间[①]我者，因而利之，导[②]而舍[③]之，故反间可得而用也。因是而知之，故乡间、内间可得而使也；因是而知之，故死间为诳（kuánɡ）[④]事，可使告敌；因是而知之，故生间可使如期。五间之事，主必知之，知之必在于反间，故反间不可不厚也。

【注释】	【译文】
①间：刺探；侦察。 ②导：引导；诱导。 ③舍：释放。一说指放回去；一说指留下来。 ④诳：欺骗；迷惑。	一定要设法查出敌人派到我方来刺探情报的间谍，从而用利益收买他，经过劝导后再把他释放，这样就能使用“反间”了。由此而了解敌情，就能使用“乡间”和“内间”了；由此而了解敌情，就可以让“死间”散布虚假的消息，并且让他告诉敌人；由此而了解敌情，“生间”就可以如期返回报告情况了。五种间谍的情况，国君一定要掌握，而要掌握这些情况，一定要通过“反间”，所以对“反间”的待遇不能不优厚。

【导读 + 图说】

本节指出，在五种间谍中，反间的作用是最大的，因而也是最需要厚待的。那么如何运用反间呢？孙子说：“必索敌人之间来间我者，因而利之，导而舍之，故反间可得而用也”，指一定要设法查出敌方派来的间谍，从而用利益收买他，经过劝导后再把他释放，这样就可以用反间了。反间的角色十分特殊，他是敌方派来的间谍，却又为我方所用，所以，他就既深知敌方的秘密，又可以利用其特殊的身份达到某种特殊的目的，在战争中能起的作用是十分

▲图 13-5 清代马骀(tái)绘制的《历代名将画谱》中的《火牛破敌》图,描绘了齐将田单用反间计除掉乐毅后,采用火牛阵以破燕军的情形

巨大的。公元前 284 年,燕昭王以乐毅为上将军,率军破齐。在短短的半年时间里,燕军攻占了齐国的七十多座城池,只剩莒(jǔ,今山东莒县)和即墨(在今山东平度东南)两座城池没有攻下。乐毅认为这两座城池终究会被攻破,便采用攻心之术。然而,在长达三年的时间里,齐军始终坚守不降。这时,燕昭王死,燕惠王立,燕惠王对乐毅一直有看法。于是,齐将田单便采用反间之计,利用间谍在燕国制造谣言,说乐毅之所以不急着攻下这两座城池,是因为与燕惠王有隙,他想借攻齐的机会留在齐国,并最终在齐国称王。燕惠王听信了这些谣言,便派骑劫取代乐毅,乐毅只好投奔赵国。田单用反间计除掉乐毅后,又用反间计使燕军在齐境采取残暴的措施,激起齐国人对燕军的仇恨。最后,田单实施反攻,燕军大败,骑劫被杀,并最终把燕军逐出了齐境。(见图 13-5)

13. 6 昔殷①之兴也,伊挚②在夏;周③之兴也,吕牙④在殷。故惟明君贤将,能以上智为间者,必成大功。此兵之要,三军之所恃而动也。

【注释】

①殷:商朝。公元前 17 世纪,商汤灭夏朝后建立的国

【译文】

过去商朝兴起时,重用曾在夏为臣的伊

家。②伊挚：即伊尹。商初大臣，辅佐成汤伐桀灭夏，建立商朝。③周：周朝。公元前11世纪，周武王灭商朝后建立的国家。④吕牙：即吕尚，又叫姜尚，字子牙，俗称姜太公。他辅佐周武王伐纣灭殷，建立了周朝。

挚；周朝兴起时，重用曾在殷为臣的吕尚。所以只有英明的国君和贤能的将帅，能让最具智慧的人担任间谍，一定能成就大的功业。这是用兵打仗的关键，全军都依靠它来决定如何行动。

【导读＋图说】

“昔殷之兴也，伊挚在夏；周之兴也，吕牙在殷”，指过去商朝兴起时，重用曾在夏朝为臣的伊尹；周朝兴起时，重用曾在商朝为臣的吕尚（见图13-6）。这里要注意的是：伊尹和吕尚都不能算作间谍，因为伊尹不是商派到夏朝去的，吕尚也不是周派到商朝去的，他们在夏或在商，都没有谁赋予特殊的使命。但是，他们所起的作用却与间谍是一样的：伊尹熟悉夏朝的情况，却为商所用；吕尚熟悉商朝的情况，却为周所用。他们俩之所以能为商灭夏和周灭商立下汗马功劳，一个重要的原因，就是他们熟知敌方的情况。因此，孙子在这里强调的主要有两点：一是熟知对方情况对战争胜负的重要性，二是要选择像伊尹、吕尚这样智慧超群的人为间谍。而不是像某些学者所说的：孙子把伊尹看成是中国历史上最早的间谍，伊尹助商灭夏，是中国战争史上最早用间的典型范例。

▲图13-6 《钦定补绘萧云从〈离骚〉全图》中的“周文王礼聘姜尚”图

附录一：
孙子传*

[原文]

孙子[1]武者，齐人也。以兵法[2]见[3]于吴王阖（hé）庐[4]。阖庐曰："子之十三篇，吾尽观之矣，可以小试勒[5]兵乎？"对曰："可。"阖庐曰："可试以妇人乎？"曰："可。"于是许之，出宫中美女，得百八十人。孙子分为二队，以王之宠姬二人各为队长，皆令持戟[6]。令之曰："汝知而[7]心与左右手背乎？"妇人曰："知之。"孙子曰："前，则视心；左，视左手；右，视右手；后，即视背。"妇人曰："诺。"约束[8]既布，乃设铁钺（fūyuè）[9]，即三令五申之。于是鼓[10]之右，妇人大笑。孙子曰："约束不明，申令不熟，将之罪也。"复三令五申而鼓之左，妇人复大笑。孙子曰："约束不明，申令不

[译文]

孙子名武，是齐国人。他因为把所著的兵法送给吴王阖庐而受到接见。阖庐说："你写的十三篇兵法，我都已看过了，可以试一下用它来指挥军队吗？"回答说："可以。"阖庐说："可以用女子来作试验吗？"回答说："可以。"于是就同意让孙子来试，派出了一百八十名宫中的美女。孙子把她们分为两队，分别任命阖庐的两名宠姬为队长，让她们都持戟。孙子下令说："你们知道你们自己的心、左右手及后背吗？"众女子说："知道。"孙子说："向前，就是朝心所对的方向；向左，就是朝左手所在的方向；向右，就是朝右手所在的方向；向后，就是朝后背的方向。"女子们说："行。"军法宣布以后，孙子又设置了斧钺，并再三予以申明。接着，就击鼓让她们向右转，女子们都大笑起来。孙子说："军法不明确，命令不熟悉，这是为将者的过错。"又再三申明军法，然后击鼓让她们向左转，女子们又大笑。孙子说："军法不明确，命令不熟悉，这是为将者

---

*该《孙子传》选自《史记·孙子吴起列传》，这是目前关于孙子生平唯一可依据的史料。

①子：古代指有学问的男子，是男子的美称。 ②兵法：一说指《孙子兵法》；一说指懂兵法。 ③见：进见；接见。 ④阖庐：一作阖闾。名光，春秋末年吴国国君，公元前514——前496年在位。任用伍子胥、孙武，实行强兵战略，曾一度占领楚国国都。公元前496年与越王勾践作战被打败，伤重而死。 ⑤勒：约束；统率。 ⑥戟：古代的一种兵器，有长柄，柄的一端装有用青铜或铁制成的枪尖，旁边附有月牙形的锋刃。 ⑦而：通"尔"，指你或你们。 ⑧约束：规约；纪律。 ⑨铁钺：也作斧钺，古代实施军法时用来斩杀罪犯的斧子。 ⑩鼓：击鼓。

熟，将之罪也；既已明而不如法者，吏士之罪也。”乃欲斩左右队长。吴王从台上观，见且斩爱姬，大骇，趣（cù）⑪使使⑫下令曰：“寡人已知将军能用兵矣。寡人非此二姬，食不甘味，愿勿斩也。”孙子曰：“臣既已受命为将，将在军，君命有所不受。”遂斩队长二人以徇（xùn）⑬，用其次为队长。于是复鼓之，妇人左右前后跪起皆中规矩绳墨⑭，无敢出声。于是孙子使使报王曰：“兵既整齐，王可试下观之，唯王所欲用之，虽赴水火犹可也。”吴王曰：“将军罢休就舍⑮，寡人不愿下观。”孙子曰：“王徒好其言，不能用其实。”于是阖庐知孙子能用兵，卒以为将。西破强楚，入郢（yǐng）⑯，北威齐、晋，显名诸侯，孙子与⑰有力焉。

的过错；法令既明而不依法令行事，这就是下面的官吏和士卒的过错。”于是就要斩左右两队的队长。吴王正在台上观看，看到孙子要斩自己的爱姬，十分惊慌，急忙派使者下令说：“我已知道将军能用兵了。我如果没有这二姬，吃饭都不香，请不要斩她们。”孙子说：“我既然已经受命为将，那么，将在军中，国君的命令有的也可以不听。”就斩了两位队长以示众，另选了排在她们后面的两个人为队长。接着再次击鼓，女子们左转、右转、向前走、向后转、跪倒、起立都符合规矩法令，没有一个人敢出声。于是孙子派使者报告吴王说：“军队已经训练整齐，大王可以下来观看，无论大王想要怎么用它，即使让她们赴汤蹈火都可以。”吴王说：“请将军停止训练，回馆舍休息吧，我不愿下去看了。”孙子说：“大王只是喜欢兵法中的言论，却不愿意用它来指导实践。”从此阖庐知道孙子能用兵，终于任他为将。吴国向西击破强大的楚国，占领了楚国的都城郢；向北威震齐国、晋国，使吴国在诸侯中名声大振，孙子是出了很大力的。

⑪趣：急；急忙。 ⑫使使：派使者。前一个“使”指“派”，后一个“使”指“使者”。 ⑬徇：对众宣示；示众。 ⑭绳墨：木匠画直线用的工具，比喻规矩或法度。 ⑮舍：客舍；旅舍。 ⑯郢：周朝时楚国的都城，在今湖北江陵北。 ⑰与：参与。

附录二：

《孙子兵法》名言索引

B

兵贵胜，不贵久。（2.6）

兵闻拙速，未睹巧之久也。（2.1）

兵无常势，水无常形，能因敌变化而取胜者，谓之神。（6.8）

兵以诈立，以利动，以分合为变者也。（7.4）

兵者，诡道也。故能而示之不能，用而示之不用，近而示之远，远而示之近。（1.5）

兵者，国之大事，死生之地，存亡之道，不可不察也。（1.1）

兵之情，围则御，不得已则斗，过则从。（11.6）

兵之情主速，乘人之不及，由不虞之道，攻其所不戒也。（11.2）

不尽知用兵之害者，则不能尽知用兵之利也。（2.1）

不战而屈人之兵，善之善者也。（3.1）

C

出其所不趋，趋其所不意。（6.2）

D

敌佚能劳之，饱能饥之，安能动之。（6.1）

地形者，兵之助也。（10.3）

F

凡用兵之法，全国为上，破国次之；全军为上，破军次之；全旅为上，破旅次之；全卒为上，破卒次之；全伍为上，破伍次之。（3.1）

凡战者，以正合，以奇胜。故善出奇者，无穷如天地，不竭如江河。（5.2）

非利不动，非得不用，非危不战。（12.4）

夫兵形象水，水之形，避高而趋下；兵之形，避实而击虚。（6.8）

夫未战而庙算胜者，得算多也；未战而庙算不胜者，得算少也。多算胜，少算不胜，而况于无算乎！（1.6）

G

高陵勿向，背丘勿逆，佯北勿从，锐卒勿攻，饵兵勿食，归师勿遏，围师必阙，穷寇勿迫，此用兵之法也。（7.7）

攻其无备，出其不意。（1.5）

古之善用兵者，能使敌人前后不相及，众寡不相恃，贵贱不相救，上下不相收，卒离而不集，兵合而不齐。（11.2）

故善战者，立于不败之地，而不失敌之败

也。(4.2)

故上兵伐谋,其次伐交,其次伐兵,其下攻城。(3.2)

故为兵之事,在于顺详敌之意,并敌一向,千里杀将,此谓巧能成事者也。(11.9)

故小敌之坚,大敌之擒也。(3.3)

故校之以计而索其情,曰:主孰有道?将孰有能?天地孰得?法令孰行?兵众孰强?士卒孰练?赏罚孰明?吾以此知胜负矣。(1.2)

故用兵之法,十则围之,五则攻之,倍则分之,敌则能战之,少则能逃之,不若则能避之。(3.3)

H

合于利而动,不合于利而止。(11.2)

后人发,先人至。(7.1)

J

击其首则尾至,击其尾则首至,击其中则首尾俱至。(11.4)

将者,智、信、仁、勇、严也。(1.2)

君命有所不受。(8.1)

K

客绝水而来,勿迎之于水内,令半济而击之,利。(9.1)

L

利而诱之,乱而取之,实而备之,强而避之,怒而挠之,卑而骄之,佚而劳之,亲而离之。(1.5)

令之以文,齐之以武,是谓必取。(9.8)

M

明君贤将,所以动而胜人,成功出于众者,先知也。先知者,不可取于鬼神,不可象于事,不可验于度,必取于人,知敌之情者也。(13.1)

P

圮地无舍,衢地交合,绝地无留,围地则谋,死地则战。(8.1)

S

三军可夺气,将军可夺心。(7.6)

散地则无战,轻地则无止,争地则无攻,交地则无绝,衢地则合交,重地则掠,圮地则行,围地则谋,死地则战。(11.1)

善守者,藏于九地之下;善攻者,动于九天之上,故能自保而全胜也。(4.1)

善用兵者,避其锐气,击其惰归。(7.6)

善用兵者,修道而保法,故能为胜败之政。(4.2)

善战者，求之于势，不责于人，故能择人而任势。(5.6)

善战者，致人而不致于人。(6.1)

胜敌而益强。(2.5)

始如处女，敌人开户；后如脱兔，敌不及拒。(11.10)

势者，因利而制权也。(1.4)

视卒如婴儿，故可与之赴深谿；视卒如爱子，故可与之俱死。(10.5)

是故胜兵先胜而后求战，败兵先战而后求胜。(4.2)

T

投之亡地然后存，陷之死地然后生。(11.8)

W

惟明君贤将，能以上智为间者，必成大功。(13.6)

无邀正正之旗，勿击堂堂之陈。(7.6)

X

昔之善战者，先为不可胜，以待敌之可胜。(4.1)

Y

以火佐攻者明，以水佐攻者强。(12.3)

Z

战势不过奇正，奇正之变，不可胜穷也。奇正相生，如循环之无端，孰能穷之？(5.2)

知彼知己，胜乃不殆；知天知地，胜乃不穷。(10.6)

知彼知己，百战不殆；不知彼而知己，一胜一负；不知彼，不知己，每战必殆。(3.7)

知可以战与不可以战者胜，识众寡之用者胜，上下同欲者胜，以虞待不虞者胜，将能而君不御者胜。此五者，知胜之道也。(3.6)

主不可以怒而兴师，将不可以愠而致战。(12.4)